CONTRA EL ODIO

Carolin Emcke

Contra el odio

Traducción de Belén Santana

TAURUS

PENSAMIENTO

El papel utilizado para la impresión de este libro ha sido fabricado a partir de madera procedente de bosques y plantaciones gestionadas con los más altos estándares ambientales, garantizando una explotación de los recursos sostenible con el medio ambiente y beneficiosa para las personas. Por este motivo, Greenpeace acredita que este libro cumple los requisitos ambientales y sociales necesarios para ser considerado un libro «amigo de los bosques». El proyecto «Libros amigos de los bosques» promueve la conservación y el uso sostenible de los bosques, en especial de los Bosques Primarios, los últimos bosques vírgenes del planeta.

Papel certificado por el Forest Stewardhip Council®

Título original: *Gegen den Hass*
Primera edición: abril de 2017

© 2016, Fisher Verlag GmbH, Frankfurt am Main
Publicado mediante acuerdo con International Editors' Co. Agencia Literaria
© 2017, Penguin Random House Grupo Editorial, S. A. U.
Travessera de Gràcia, 47-49. 08021 Barcelona
© 2017, Belén Santana López, por la traducción

Diseño de cubierta: Marc Cubillas
Imagen de cubierta: Shutterstock

Printed in Spain – Impreso en España

ISBN: 978-84-306-1874-3
Depósito legal: B-4896-2017

Compuesto en Arca Edinet, S. L.
Impreso en Cayfosa, Barcelona

TA 1 8 7 4 3

Penguin
Random House
Grupo Editorial

Para Martin Saar.

Pero si toda justicia comienza con la palabra, no toda palabra es justa.
JACQUES DERRIDA

Observar muy fijamente implica descomponer.
HERTA MÜLLER

Índice

Prólogo

Me hundo en el cieno del abismo,
sin poder hacer pie;
he llegado hasta el fondo de las aguas,
y las olas me anegan.
Estoy exhausto de gritar, arden mis fauces,
mis ojos se consumen de esperar a mi Dios.
Son más que los cabellos de mi cabeza
los que sin causa me odian.

Salmo 69, 3-5

A veces me pregunto si debería envidiarlos. A veces me pregunto cómo son capaces de algo así: de sentir ese odio. Cómo pueden estar tan seguros. Porque quienes odian deben sentir eso: seguridad. De lo contrario, no hablarían así, no harían tanto daño, no matarían de esa manera. De lo contrario, no podrían humillar, despreciar ni atacar a otros de ese modo. Tienen que estar seguros. No albergar la más mínima duda. Si se duda del odio, no es posible odiar. Si dudaran, no podrían estar tan furiosos. Odiar requiere de una certeza absoluta. El más mínimo «tal vez» sería molesto. Cualquier «puede que» socavaría el odio y consumiría una energía que lo que pretende es, precisamente, ser canalizada.

El odio es siempre difuso. Con exactitud no se odia bien. La precisión traería consigo la sutileza, la mirada o la escucha atentas; la precisión traería consigo esa diferenciación que reconoce a cada persona como un ser humano con todas sus características e inclinaciones diversas y contradictorias. Sin embargo, una vez limados los bordes y convertidos los individuos, como tales, en algo irreconocible, solo quedan unos colectivos desdibujados como receptores del odio, y entonces se difama, se desprecia, se grita y se alborota a discreción: contra *los* judíos, *las* mujeres, *los* infieles, *los* negros, *las* lesbianas, *los* refugiados, *los* musulmanes, pero también contra *los* Estados Unidos, *los* políticos, *los* países occidentales, *los* policías, *los* medios de comunicación, *los* intelectuales[1]. El odio se fabrica su propio objeto. Y lo hace a medida.

El odio se mueve hacia arriba o hacia abajo, su perspectiva es siempre vertical y se dirige contra «los de allí arriba» o «los de allí abajo»; siempre es la categoría de lo «otro» la que oprime o amenaza lo «propio»; lo «otro» se concibe como la fantasía de un poder supuestamente peligroso o de algo supuestamente inferior. Así, el posterior abuso o erradicación del otro no solo se reivindican como medidas *excusables*, sino *necesarias*. El otro es aquel a quien cualquiera puede denunciar o despreciar, herir o matar impunemente[2].

Quienes sufren este odio en su propia carne; quienes están expuestos a él, ya sea en la calle o en internet, por la noche o a pleno día; quienes deben soportar el uso de términos que encierran toda una historia de desprecio y de maltrato; quienes reciben esos mensajes en los que se desea su muerte o que sean víctimas de la violencia sexual o quienes directamente reciben ese tipo de amenazas; aquellos a quienes no se les conceden más que algunos derechos, cuyos cuerpos o cuyo tocado se denigran; quienes deben ir ocultos por miedo a ser agredidos; quienes no pueden salir de casa porque en la puerta los espera una multitud embrutecida y violenta; aquellos cuyas escuelas o sinagogas necesitan protección policial, todos los que son objeto del odio no pueden ni quieren acostumbrarse a él.

Sin duda, el rechazo latente hacia quienes son percibidos como distintos o como extraños siempre ha existido. Y no necesariamente se ha manifestado en forma de odio. En la República Federal de Alemania casi siempre se ha expresado a modo de repulsa, fruto de férreas convenciones sociales. En los últimos años también se ha ido articulando, de manera creciente, cierta incomodidad respecto a un posible exceso de tolerancia: la idea de que quienes profesan una fe distinta, tienen un aspecto diferente o practican otras formas de amar deberían darse por satisfechos y dejar tranquilo al resto. Es un hecho probado la recriminación discreta, pero inequívoca, de quienes afirman que, con todo lo que se les ha concedido ya, los judíos, los homosexuales o las mujeres deberían estar contentos y guardar silencio. Como si en materia de igualdad existiese un techo. Como si las mujeres o los homosexuales solo pudieran ser iguales hasta cierto punto, del que no se puede pasar. ¿Completamente iguales? Eso sería ir demasiado lejos. Significaría ser… eso, *iguales*.

Este particular reproche de falta de humildad va aparejado con el elogio soterrado de la propia tolerancia. Como si fuese un logro que a las mujeres se les permita trabajar… ¿y encima reclaman el mismo sueldo? Como si fuese loable que los homosexuales ya no sean criminalizados ni encarcelados. Esto merecería cierta gratitud por su parte, cuando menos. Que los homosexuales se demuestren su amor en privado está bien, pero ¿por qué tienen además que casarse en público?[3]

En lo que respecta a los musulmanes, la doble cara de la tolerancia se ha reflejado a menudo en la idea de que ellos pueden vivir entre nosotros con normalidad, pero que practiquen la religión musulmana ya nos gusta menos. La libertad religiosa se ha venido respetando, en especial si se trataba del cristianismo. Pero también, con el paso de los años, cada vez más voces se han alzado para decir que ya está bien de hablar de la Shoah. Como si el recuerdo de lo sucedido en Auschwitz tuviese fecha de caducidad, como los yogures. Como si reflexionar sobre los crímenes cometidos por el nacionalsocialismo equivaliese a visitar un destino turístico para luego tacharlo de la lista de viajes pendientes.

Pero algo ha cambiado en Alemania. Ahora se odia abierta y descaradamente. Unas veces con una sonrisa y otras no, pero en demasiadas ocasiones sin ningún tipo de reparo. Los anónimos, que siempre han existido, hoy van firmados con nombre y dirección. Las fantasías violentas y las manifestaciones de odio expresadas a través de internet ya no se ocultan tras un pseudónimo. Si, hace algunos años, alguien me hubiera preguntado si creería posible que en esta sociedad se volviera a hablar *así*, lo habría descartado por completo. Para mí era absolutamente inconcebible que el discurso público volviera a embrutecerse de este modo y que las personas pudieran ser víctimas de un acoso tan desmedido. Es como si las expectativas convencionales sobre lo que debe ser una conversación se hubiesen invertido. Como si los estándares de convivencia se hubiesen vuelto del revés: como si quien considera el respeto a los demás como una forma de cortesía, tan sencilla como incontestable, debiera avergonzarse; como si quien niega el respeto al otro, es más, quien profiere insultos y prejuzga a voz en cuello, pudiera enorgullecerse de hacerlo.

Pues bien, que se pueda vociferar, ofender y agredir sin freno no me parece ningún avance para nuestra civilización. No supone ningún progreso que cualquier miseria interna pueda barrerse hacia fuera, porque, en los últimos tiempos, este exhibicionismo del resentimiento haya adquirido, presuntamente, relevancia pública e incluso política. Al igual que muchos otros, no estoy dispuesta a acostumbrarme. No quiero que el nuevo placer de odiar libremente se normalice. Ni en mi país, ni en Europa, ni en ningún otro lugar.

El odio del que se hablará a continuación no es individual ni fortuito. No es un sentimiento difuso que se manifieste de repente, por descuido o por una supuesta necesidad. Este odio es colectivo e ideológico. El odio requiere unos moldes prefabricados en los que poder verterse. Los términos que se emplean para humillar; las cadenas de asociaciones y las imágenes que nos permiten pensar y establecer clasificaciones; los esquemas de percepción que empleamos para categorizar y emitir juicios están prefijados. El odio no se manifiesta de pronto, sino que se cultiva. Todos los que le otorgan un carácter espontáneo o individual contribuyen involuntariamente a seguir alimentándolo[4].

Con todo, el ascenso en Alemania (y en Europa) de partidos o movimientos que practican un populismo agresivo ni siquiera es lo más preocupante. En este caso, aún cabe esperar que ellos mismos se descompongan con el paso del tiempo, ya sea debido a la arrogancia personal, a sus animosidades volubles o, sencillamente, a la falta de personal capaz de desempeñar una labor política a nivel profesional; por no hablar de sus programas que van en contra de la modernidad y que niegan la realidad social, económica y cultural de un mundo globalizado. Es probable que estos partidos también pierdan su atractivo cuando se vean obligados a participar en debates públicos en los que deban argumentar y reaccionar ante las afirmaciones de su interlocutor, cuando se les exija una interpretación racional y desapasionada de cuestiones complejas. Puede que también pierdan su singularidad, en apariencia disidente, cuando se les dé la razón en aquellos puntos en los que resulte adecuado hacerlo. Esto no hace sino reforzar la crítica de otros aspectos que los caracterizan. Y, muy probablemente, también se necesiten grandes reformas económicas que aborden el descontento social generado por el aumento de la desigualdad y el miedo a la pobreza entre las personas mayores, sobre todo en regiones y ciudades menos desarrolladas.

Pero hay algo mucho más peligroso: el clima de fanatismo. En Alemania y en otros lugares. Esa dinámica que genera un rechazo cada vez mayor hacia aquellos que poseen otras creencias o ninguna, hacia quienes tienen otro aspecto o aman de una forma diferente a lo que dicta la norma. El desprecio creciente por todo lo distinto que se extiende y que, poco a poco, va perjudicando a todos. Pues son demasiadas las veces en las que nosotros, ya sea como objeto o como testigos de ese odio, callamos aterrorizados; porque nos dejamos amedrentar; porque no sabemos cómo hacer frente a ese griterío y al terror; porque nos sentimos indefensos y paralizados; porque el horror nos deja sin palabras. Ese es, por desgracia, uno de los efectos del odio: que comienza por trastornar a los que se ven expuestos a él, los desorienta y les hace perder la confianza.

El odio solo se combate rechazando su invitación al contagio. Quien pretenda hacerle frente con más odio ya se ha dejado manipular, aproximándose a eso en lo que quienes odian quieren que nos convirtamos. El odio solo se puede combatir con lo que a ellos se les escapa: la observación atenta, la matización constante y el cuestionamiento de uno mismo. Esto exige ir descomponiendo el odio en todas sus partes, distinguirlo como sentimiento agudo de sus condicionantes ideológicos y observar cómo surge y opera en un determinado contexto histórico, regional y cultural. Puede parecer insuficiente. Puede parecer modesto. Cabría objetar que los verdaderos fanáticos no se darán por aludidos. Es posible; pero bastaría con que las fuentes de las que se nutre el odio, las estructuras que lo permiten y los mecanismos a los que obedece fuesen más fácilmente reconocibles. Bastaría con que quienes apoyan y aplauden los actos de odio dudasen de sí mismos. Bastaría con que quienes lo incuban, imponiendo sus patrones de pensamiento y su tipo de mirada, se viesen desprovistos de la ingenuidad imprudente y del cinismo que los caracteriza. Bastaría con que quienes muestran un compromiso pacífico y discreto ya no tuvieran que justificarse, y sí debieran hacerlo quienes los desprecian. Bastaría con que quienes, por razones obvias, ayudan a personas en situación de necesidad no tuvieran que explicar sus motivos, y sí debieran hacerlo quienes rechazan lo que es obvio. Bastaría con que quienes desean una convivencia abierta y fraternal no tuvieran que defenderse, pero sí quienes la socavan.

Observar el odio y la violencia, así como las estructuras que los hacen posibles, significa, asimismo, visibilizar el contexto en el que se producen tanto la justificación previa como la posterior aquiescencia, sin las cuales el odio no podría germinar. Observar las distintas fuentes que alimentan el odio o la violencia en un caso concreto sirve para rebatir el consabido mito de que el odio es algo natural, algo que nos viene dado. Como si el odio fuese más auténtico que el aprecio. Pero el odio no está ahí, sin más. Es algo que se fabrica. Tampoco la violencia se produce de forma espontánea. Es algo que se incuba. La dirección que toman tanto el odio como la violencia, las personas contra las que se dirigen, los umbrales y obstáculos que es necesario derribar… todo eso no es aleatorio, no viene dado sin más, sino que se canaliza. Si, por el contrario, no nos limitamos a condenar el odio y la violencia, sino que observamos sus mecanismos, estaremos demostrando en todo momento que se podría haber hecho algo *distinto*, que se podría haber tomado *otra* decisión, que alguien podría haber *intervenido*, que alguien podría haber *renunciado*. Describir el proceso exacto que activa el odio y la violencia entraña siempre la posibilidad de mostrar cómo ambos pueden ser interrumpidos y debilitados.

Observar el odio antes de que estalle, acompañado de una ira ciega, abre otras posibilidades de actuación: determinadas manifestaciones de odio competen a la fiscalía del Estado y a la policía; pero las distintas formas de discriminación, las pequeñas e implacables estrategias de exclusión que se manifiestan en gestos y hábitos concretos, en determinadas prácticas y convicciones son responsabilidad de toda la sociedad. En tanto que miembros de la sociedad civil, a todos nos compete impedir que quienes odian puedan fabricarse un objeto a medida. Esta tarea no se puede delegar. Apoyar a los que están amenazados por su aspecto, su forma de pensar, sus creencias o su forma de amar no exige un gran esfuerzo. Son pequeños detalles los que marcan la diferencia y abren un espacio social o discursivo para aquellos a quienes se pretende excluir. El gesto más importante contra el odio tal vez sea no caer en el individualismo. No dejarse confinar en la tranquilidad de la esfera privada, en la protección que brindan el propio refugio o el entorno más próximo. El movimiento más importante tal vez sea salir de uno mismo y dirigirse hacia los demás para reabrir juntos los espacios sociales y públicos.

Como dice la voz doliente en el salmo citado al comienzo, quienes caen en las redes del odio y son abandonados en ellas se sienten hundidos «en el cieno del abismo, sin poder hacer pie». Se han quedado sin asideros. Sienten que han llegado hasta el fondo de las aguas y las olas los anegan. Se trata de no dejarlos solos, de escuchar su llamada de auxilio, de no permitir que la ola de odio siga creciendo, de crear un suelo firme sobre el que todos podamos pisar. De eso se trata.

I. Visible-invisible

Soy un hombre invisible. [...] La invisibilidad a que me refiero halla su razón de ser en el especial modo de mirar de aquellos con quienes trato.

RALPH ELLISON, *El hombre invisible*

Es un hombre de carne y hueso. No es un fantasma ni un personaje de película, sino un ser corpóreo que ocupa un espacio propio, que proyecta una sombra, que podría interponerse en nuestro camino o en nuestra línea de visión; así se describe el protagonista negro de *El hombre invisible*, la famosa novela de Ralph Ellison publicada en 1952. Es alguien que habla y mira a los ojos de los demás. Y, sin embargo, es como si su cuerpo estuviese rodeado de espejos deformantes, en los que quienes se cruzan con él solo se ven a sí mismos o a su entorno. Ven todo lo demás, pero no a él. ¿Cómo se explica esto? ¿Por qué los *blancos* no pueden verlo?

No es que tengan la visión mermada, ni nada que obedezca a una explicación fisiológica: es una actitud interna del observador la que lo anula y hace que él desaparezca. Él no existe para los demás. Es como si fuese aire o un objeto inanimado, el poste de una farola, un obstáculo que, a lo sumo, hay que esquivar, pero que no merece la menor interpelación, reacción o atención. No ser visto ni reconocido, ser invisible para los demás, es la forma de desprecio más esencial[1]. Los invisibles, los que no son percibidos en la sociedad, no pertenecen a ningún «nosotros». Sus palabras no se oyen, sus gestos no se ven. Los invisibles no tienen sentimientos, necesidades ni derechos.

También la escritora afroamericana Claudia Rankine habla en su libro titulado *Citizen* [Ciudadano] de la experiencia de la invisibilidad: un chico negro que viaja en metro pasa «inadvertido» a los ojos de un extraño que lo empuja y lo tira al suelo. El hombre no se detiene, no ayuda al chico a levantarse, no se disculpa. Actúa como si no se hubiera producido ningún contacto, como si no hubiese nadie. Rankine escribe: «y tú quieres que esto termine, quieres que el chico que ha acabado en el suelo sea visto, que le ayuden a levantarse, que le sacuda el polvo la persona que no lo ha visto, que nunca lo ha visto, que acaso jamás ha visto a nadie que no sea un reflejo de sí misma»[2].

Quieres que esto termine. No quieres que solo algunos sean visibles, solo quienes son reflejo de algo que alguien una vez creó y estableció como norma; quieres que baste con ser una persona, que no se necesiten más rasgos ni características para ser visto. No quieres que quienes tienen un aspecto que se salga ligeramente de la norma pasen inadvertidos; es más, no deseas que haya siquiera una norma que establezca lo que se ve y lo que no se ve; no quieres que quienes se diferencian por el color de la piel o por tener un cuerpo distinto, por amar de otra manera, defender otras creencias o albergar esperanzas que difieren de las de la mayoría que impone ese reflejo acaben por los suelos. Quieres que esto termine porque es un agravio para todos, no solo para los que pasan inadvertidos y acaban por los suelos.

Pero ¿cómo surge ese «especial modo de mirar» del que habla Ralph Ellison? ¿Por qué determinadas personas se vuelven invisibles a ojos de otras? ¿Qué tipo de afectos promueven esa forma de mirar que hace que unos sean visibles y otros, invisibles? ¿Qué ideas alimentan esa actitud que anula o enmascara a los demás? ¿Quién o qué conforma esa actitud? ¿Cómo se transmite? ¿Qué relatos históricos sustentan esos regímenes de miradas que distorsionan y ocultan a las personas? ¿En qué marco se fijan los patrones interpretativos según los cuales determinadas personas son catalogadas como invisibles e insignificantes o como amenazantes y peligrosas?

Y, sobre todo, ¿qué supone esto para quienes ya no son vistos ni percibidos como personas? ¿Qué implica para ellos pasar inadvertidos o ser vistos como lo que no son? Como extraños, delincuentes, bárbaros, enfermos y, en cualquier caso, como parte de un grupo, no como individuos con capacidades e inclinaciones diversas, no como seres vulnerables con nombre y rostro. ¿Hasta qué punto esta invisibilidad social los desorienta y anula su capacidad de defenderse?

Amor

Los sentimientos no creen en el principio de realidad.
Alexander Kluge,
Die Kunst, Unterschiede zu machen

«¡Tráeme esa flor!», con estas palabras Oberón, rey de las hadas, ordena a su duende, Puck, que vaya a buscar el jugo mágico que hace enloquecer de amor. El efecto de la planta es nefasto: quien reciba unas gotas de esa flor mientras duerme se enamorará de la primera criatura que vea al despertar. Dado que Puck no es precisamente el más listo de los elfos y, por descuido, no vierte el jugo en los ojos de las personas previstas por Oberón, en *El sueño de una noche de verano* se producen enredos y confusiones de lo más extraordinario. Especialmente afectados resultan Titania, reina de las hadas, y Lanzadera, el tejedor. Puck convierte al incauto de Lanzadera en un ser con una enorme cabeza de asno. El bueno del tejedor, desconociendo su deformidad, se sorprende al ver que, de pronto, todos huyen de él. «¡El Cielo te bendiga, Lanzadera; el Cielo te bendiga!», le dice su amigo al ver la fealdad de su rostro e intenta contarle la verdad con sumo tacto. «¡Estás transformado!» Lanzadera cree que se trata de una broma de sus amigos: «Adivino su truhanada. Quieren, sin duda, hacerme pasar por asno;

quieren espantarme», dice confiado mientras se pasea a sus anchas y se echa a cantar.

Transformado en ese animal, Lanzadera se encuentra en el bosque con Titania, a quien previamente han administrado la pócima mientras dormía. La magia surte efecto: nada más ver al tejedor, Titania se enamora de él. «Asimismo, mis ojos se han enamorado de tus formas, y la fuerza de tu brillante mérito me obliga a decirte, a jurarte, que te amo».

Personalmente no tengo nada en contra de los asnos, pero ¿un ser mitad hombre, mitad bicho se planta delante de Titania y ella se enamora de sus formas? ¿Cómo es posible? ¿Qué es lo que ella no ve o que percibe de otro modo? ¿Acaso Titania no distingue las enormes orejas de Lanzadera? ¿Ni tampoco su pelaje hirsuto? ¿Ni el hocico de asno? Tal vez mire a Lanzadera, pero no reconozca el contorno exacto, los detalles de quien tiene enfrente. El animal, en su conjunto, le parece una figura adorable. Puede que, sencillamente, haya anulado todos los rasgos y características que no responden al calificativo de «adorable». Está emocionada, conmovida, «se entusiasma», y semejante euforia parece haber anulado ciertas funciones cognitivas. O tal vez —esa sería otra posibilidad— sí que *ve* las enormes orejas, el pelaje hirsuto y el hocico de asno, pero bajo los efectos de la pócima *valora* esos rasgos de su interlocutor de una forma distinta a como lo haría en circunstancias normales. Ve las enormes orejas, pero de pronto le parecen adorables y encantadoras.

El efecto que el jugo de la flor, como recurso dramatúrgico, causa en la obra de Shakespeare es de todos conocido: ocurre cuando el amor (o el deseo) se apodera repentinamente de nosotros. Nos coge desprevenidos e inunda todo nuestro ser. Nos roba los sentidos. Nos resulta fascinante. Ahora bien, Titania no se enamora de Lanzadera por su aspecto, sino simplemente por ser el primero al que ve nada más despertar. Bien es verdad que, presa del hechizo, es al tejedor a quien ella ama y que lo que ve en él le parece verdaderamente adorable. Es más, Titania incluso podría argumentar por qué lo ama y, sin embargo, no sería ese el verdadero motivo de su amor. Al describir el idilio entre Titania y Lanzadera, Shakespeare habla de aquellos estados emocionales en los que causa y objeto no coinciden. Si uno no ha dormido bien y se muestra irritable, cualquier nimiedad le parecerá motivo suficiente para descargar su enfado. Esto afectará al primero que pase, que ignorará por qué le sucede tal cosa y que ni siquiera ha sido el causante del enojo. Una emoción bien puede ser *provocada* por algo distinto a la persona, cosa o suceso a los que va *dirigida*. Lanzadera es el objeto del amor de Titania, pero no la causa.

Esta historia esconde algo más: el amor, al igual que otras emociones, se basa en *formas activas de mirar*. Titania no mira a Lanzadera, el objeto de su amor, de una manera neutra, sino que lo enjuicia y le atribuye un valor: «adorable», «virtuoso», «turbador», «deseable». Así ocurre que el enamoramiento, con el ímpetu que lo caracteriza, evita determinadas percepciones que puedan resultar inapropiadas por indeseadas. Por lo tanto, cualquier referencia a las características o costumbres desagradables de la persona amada se torna invisible a ojos del amante. Al menos en la primera fase de embriaguez amorosa, todo lo que pueda ir en contra de esa emoción, todo lo que pueda oponerse al propio sentimiento y al propio deseo, es reprimido. El objeto de amor se *amolda* así al amor.

Hace muchos años, un joven intérprete afgano me explicó por qué tenía sentido que los padres eligiesen a la novia de su hijo. Al fin y al cabo —argumentaba en tono suave, pero rotundo—, el enamoramiento lo ciega a uno por completo y lo vuelve incapaz de valorar si la mujer amada es realmente la más adecuada. Por experiencia sabemos que el amor, como forma de enajenación mental, no es eterno; el efecto mágico de la planta shakespeariana va remitiendo... y, entonces, ¿qué? Por eso precisamente era mucho mejor, según el intérprete, que la propia madre, con una mirada objetiva, eligiera antes una mujer que fuese adecuada más allá del enamoramiento. Él mismo no había visto el rostro descubierto de su esposa hasta el día de la boda y no había hablado con ella a solas hasta esa misma noche. ¿Era feliz? Sí, mucho[3].

Hay muchas formas de ceguera. El amor solo es una de las emociones que nos impiden percibir la realidad. En su caso, ese ensimismamiento inalterable produce simpatía, pues revaloriza al que tenemos enfrente y le atribuye unas cualidades con la mejor intención. El amado, o la amada, *se beneficia* de dicha proyección. El amor supone hasta cierto punto un chantaje, precisamente por su capacidad para vencer cualquier resistencia u obstáculo que se presente en el plano de la realidad. El que ama no desea tener que lidiar con dudas ni impedimentos. El que ama no quiere tener que justificarse. Para los amantes, cualquier argumento o referencia a esta o aquella característica equivale a empequeñecer su amor. Resulta curioso que el amor sea una forma de reconocimiento de la otra persona que no necesariamente implica conocerla primero. Solo presupone que yo atribuyo al otro ser determinados rasgos que lo hacen «adorable», «virtuoso», «turbador» y «deseable»[4]. Aunque sean unas orejas de asno y un pelaje hirsuto.

Esperanza

*Las esperanzas vanas y engañosas son
para el imbécil.*
Eclesiástico 34, 1

En el mito de Pandora, tal y como lo cuenta Hesíodo, Zeus envía a Pandora a la Tierra con una caja llena de vicios y plagas. El recipiente que contiene todos los males desconocidos para los hombres debe permanecer cerrado a toda costa. Cuando Pandora, sin embargo, llevada por la curiosidad, levanta la tapa y mira dentro, la enfermedad, el hambre y la preocupación escapan de la caja y se propagan por la Tierra. Lo que Pandora no ve al cerrar la caja es la esperanza, que se ha quedado en el fondo. La esperanza, por tanto, era para Zeus algo negativo. ¿Por qué? ¿Acaso no es algo positivo? ¿Algo que nos inspira, nos anima y nos mueve a ser buenos? ¿No es la esperanza, como el amor, algo irrenunciable?

Ciertamente, pero este mito no se refiere a la esperanza entendida como una previsión razonada o una seguridad existencial. Ese tipo de esperanza es deseable y necesaria. Hesíodo, sin embargo, escribe sobre un tipo de esperanza vana, basada en suposiciones ilusorias. Quien alberga este tipo de esperanza sufre la tendencia a convencerse de que aquello que anhela sucederá. En este contexto, Immanuel

Kant habla del «partidismo de la balanza del entendimiento», es decir, de una prevención que es fruto de la esperanza.

Quien desea a toda costa que algo acabe bien aparta la mirada de cualquier indicio susceptible de mitigar esa esperanza. Todo lo que se oponga al escenario deseado se anula y se vuelve invisible, consciente o inconscientemente. Ya se trate de una perspectiva de naturaleza militar, económica o médica, la esperanza cubre con un ligero velo cualquier detalle o referencia que contradiga toda suposición propia. Tal cosa resulta molesta, pues daría pie a rebatir un pronóstico demasiado favorable; e incluso desesperante, pues pone freno al impulso optimista, al deseo de que las cosas sean como uno quiere. Enfrentarse a una realidad desagradable, compleja y ambivalente exige un esfuerzo.

Si un amigo nos asegura que no tiene ninguna adicción, deseamos que sea cierto. Después lo vemos beber, observamos cómo, poco a poco, el ritmo de los encuentros con sus amistades y conocidos se adapta al avance de su adicción, cómo esta, con el paso del tiempo, lo va alejando cada vez más de sí mismo…, pero no queremos reconocerlo. Confiamos en estar equivocados, en no vivir lo que vivimos: un amigo se encuentra enfermo y lo estamos perdiendo. Esperamos que mejore, pero, al mismo tiempo, lo impedimos, pues la mejora comienza por no tener una perspectiva distorsionada de su adicción.

La esperanza, en ocasiones, no anula los malos presagios, sino que los reinterpreta. Los adapta a una lectura más favorable y que resulta más alegre porque, obviamente, promete un final mejor. Es un relato que, sin embargo, también es más alegre porque exige menos de uno mismo. Tal vez en algún momento nuestro amigo se dará cuenta de su dependencia; se sucederán conversaciones en las que nos asegurará haber desentrañado todos los mecanismos que rigen su adicción. Podrá analizarse mejor de lo que jamás habríamos hecho nosotros. Y, de nuevo, albergaremos la esperanza de un final feliz. Todo lo que pueda contradecir este deseo, todo lo que haga que nuestra expectativa se revele como algo irreal o ingenuo, se vuelve invisible. A todo esto tal vez se sume el hecho de que tendemos a evitar el conflicto. ¿A quién le gusta decir a un amigo lo que no quiere oír? ¿Quién está dispuesto a intervenir si sabe que puede molestar y poner en riesgo la amistad? De este modo, la esperanza engañosa sigue ocultando lo obvio: una persona está enferma y se está destruyendo.

Preocupación

Al que alguna vez yo poseo
de nada vale el mundo entero;
eterna oscuridad sobre él se cierne,
el sol ya ni se levanta ni se mete;
si sus sentidos externos parecen perfectos,
las tinieblas moran dentro de su pecho,
y de cuantas riquezas la tierra atesora
no sabe el entrar en posesión gozosa.

La Inquietud, en
JOHANN WOLFGANG VON GOETHE,
Fausto. Una tragedia. Segunda parte

«Al que alguna vez yo poseo / de nada vale el mundo entero.» Con estas palabras se explica el personaje de la Inquietud en el *Fausto*, de Goethe. Es medianoche, «cuatro mujeres canosas» —Escasez, Pobreza, Deuda e Inquietud— van a visitar al viejo Fausto en su palacio, pero la puerta está cerrada. Solo la Inquietud se cuela por el ojo de la cerradura. Al darse cuenta, Fausto trata de ahuyentarla y rechaza sus palabras («¡Basta ya! ¡Así no conseguirás llegarme hasta dentro! / No quiero escuchar todas esas necedades. / ¡Márchate! ¡Esa letanía del tres al cuarto / podría confundir hasta al hombre más sensato»). Fausto es muy consciente del peligro que entraña la Inquietud, o la preocupación, de cómo es capaz de transformar hasta los días más anodinos en «un odioso revoltijo», de tornar cualquier pertenencia y fortuna en algo inútil y de cubrir toda perspectiva favorable con un velo sombrío. Pero, por más que Fausto se esfuerce, la Inquietud no se deja ahuyentar. Antes de que por fin se marche, echa su aliento sobre Fausto y este queda *cegado*.

La Inquietud, tal y como la describe Goethe, se apodera del interior de la persona. Una vez ha perdido la vista, para Fausto también desaparece el mundo exterior. Ya solo «ve» los demonios que le amargan la existencia, haciendo que todo parezca preocupante, amenazador y escabroso. Mientras la esperanza anula lo que se oponga a su expectativa optimista, la preocupación niega lo que pueda contradecir sus malos presagios.

Claro que también hay preocupaciones legítimas, como las relacionadas con la atención, el cuidado, la pre-ocupación por los demás. Sin embargo, lo que nos interesa llegados a este punto es ese tipo de preocupación que se autoalimenta y niega lo que se debería ver y saber. Esa preocupación que no admite ser cuestionada, que anula todo lo que la contradiga. Al igual que el amor y la esperanza, la preocupación también dirige la mirada hacia algo que está en el mundo; en este caso, algo que es interpretado como un (supuesto) motivo de preocupación. Pero, del mismo modo que Titania puede alegar sus razones para amar al tejedor, aunque él no sea el motivo de su enamoramiento, también la preocupación puede dirigirse hacia algo que no es preocupante en sí mismo. El objeto de la preocupación no tiene por qué coincidir con su causa. También el objeto de la preocupación se *amolda* en ocasiones a ella.

A quien crea que la Tierra es plana probablemente le preocupará muchísimo la idea de *caerse*. Esta inquietud frente al abismo tiene sin duda una explicación racional: si la Tierra es plana, tendrá un borde por el que uno se puede caer. Asociar a este borde la existencia de un abismo —y por tanto sentir miedo— está completamente justificado. Quienes se preocupan porque piensan que la Tierra es plana son incapaces de entender por qué los demás están tan tranquilos ni cómo pueden vivir así de relajados, con la ilusión de que ese peligroso abismo no existe. Los que se preocupan porque cualquiera podría caerse no comprenden que no se tomen más medidas para combatir el peligro. Se desaniman ante la ceguera de unos políticos inconscientes y pasivos, incapaces de proteger a los ciudadanos, que se niegan a habilitar zonas de seguridad e incluso refutan la existencia de cualquier abismo. Este razonamiento es de lo más coherente. Solo que ocurre que la Tierra no *es* plana.

Tal vez la causa, es decir, lo que constituye un verdadero motivo de preocupación, sea demasiado amplia o demasiado vaga para tomar conciencia de ella. Tal vez lo que nos preocupa no se pueda *objetivar*, precisamente porque nos produce miedo, y ese mismo miedo es lo que nos paraliza. Entonces la preocupación busca otro objeto más manejable, algo en lo que se pueda focalizar y que no nos vuelva impotentes, sino que nos mueva a la acción, al menos momentáneamente. Así, por un instante, podemos anular los fenómenos amenazadores y terroríficos y sustituirlos por otros más fáciles de combatir.

En la actualidad, la preocupación vive un proceso de revalorización asombroso. Existe la sugestión retórica de que toda preocupación expresa un malestar legítimo, un afecto que la política debería tomar en serio y que en modo alguno debería ser criticado. Como si los sentimientos sin filtro estuvieran justificados *per se*. Como si los sentimientos desprovistos de reflexión tuviesen legitimidad propia. Como si no solo debiésemos tomar nota de nuestros sentimientos, sino también exhibirlos y manifestarlos en público sin ningún tipo de reparo. Como si cualquier tipo de reflexión o ponderación, cualquier forma de escepticismo frente a los propios sentimientos y convicciones, representara un límite inaceptable a la hora de satisfacer nuestras necesidades. De este modo, la preocupación se eleva a una categoría política con autoridad propia.

Sin duda existen preocupaciones sociales, políticas o económicas sobre las que es posible debatir públicamente. Por supuesto que hay motivos razonables para que los más desprotegidos, los más discriminados o los más vulnerables estén preocupados por la creciente desigualdad social, las inciertas perspectivas laborales de sus hijos, la falta de recursos en la Administración local o el progresivo deterioro de los organismos públicos. Y claro que es legítimo cuestionar dónde y cómo expresar las propias dudas y necesidades políticas y sociales. Es más, comparto algunas preocupaciones relacionadas con la reacción política ante el fenómeno de la inmigración:

cómo evitar esa política cortoplacista de vivienda que construye a toda prisa alojamientos precarios para acoger a grandes cantidades de personas en lugares apartados que mañana conformarán «suburbios» sociales y culturales cuya existencia lamentaremos. Cómo articular una política educativa que no solo se dirija a los hombres jóvenes que demanda el mercado laboral, sino también a sus madres, que deberían manejar la lengua con la que crecerán sus hijos y sus nietos, la lengua de la Administración y del mundo que las rodea. Cómo proteger a los refugiados del racismo y la violencia crecientes. Y cómo evitar una jerarquización del sufrimiento o de la pobreza entre los distintos grupos que son discriminados. Cómo crear una cultura del recuerdo sin convertirla en una historia étnica excluyente. Cómo abrir y ampliar el relato del pasado sin perder la referencia a la Shoah. Todas estas son preocupaciones cuya urgencia tampoco yo puedo negar, pero deben debatirse públicamente y abordarse desde una perspectiva crítica y racional.

Por el contrario, el concepto de «ciudadano preocupado» se está empleando como escudo discursivo para impedir la búsqueda de motivos racionales que justifiquen ese estado de inquietud. Como si las preocupaciones fuesen, por sí mismas, un argumento certero en el debate político y no un mero afecto que puede ser legítimo o ilegítimo, adecuado o inadecuado, razonable o exagerado. Como si en el caso de la preocupación, al igual que en el del amor o en el de la esperanza, no cupiera preguntarse cuál es su objeto, qué la ha generado y si causa y objeto son coincidentes. Como si la preocupación no tuviera ese poder del que habla Goethe en el *Fausto*: nublar la mirada de aquel a quien atrapa e impedirle reconocer cualquier viso de estabilidad o seguridad, cualquier forma de felicidad o de bienestar.

Esto no implica subestimar a los que se preocupan, pero ellos deben permitir que lo que toma forma de preocupación sea analizado con detenimiento y descompuesto en partes. Los que se preocupan deben estar dispuestos a que se distinga entre una preocupación y lo que la filósofa Martha Nussbaum denomina «asco proyectivo», es decir, el simple rechazo de otras personas bajo el pretexto de tener que protegerse de ellas[5]. Son numerosas las fuerzas de tipo afectivo que minan la disposición de una sociedad a mostrar compasión y que se diferencian claramente de la preocupación. Para Nussbaum, además del miedo y el asco proyectivo, el narcisismo también es una de estas fuerzas.

En la actualidad, quien habla de «ciudadanos preocupados» quiere, ante todo, ponerlos a salvo de lo que pueda ser política o moralmente criticable. Los «ciudadanos preocupados» no tienen nada que ver con personas racistas o de extrema derecha. Nadie quiere ser racista. Ni siquiera el propio racista desea serlo, ya que al menos esa etiqueta (y no necesariamente lo que la etiqueta designa) se ha convertido en un tabú social. La preocupación funciona como un sentimiento encubridor, camufla la xenofobia que, en ocasiones, le es inherente y nos blinda así frente a cualquier crítica. De este modo, el tabú se cumple al tiempo que se transgrede. El rechazo social de la xenofobia se confirma a la vez que se cuestiona. El hecho de presentar como preocupación lo que en realidad oculta una sensación de asco, resentimiento y desprecio hace que el umbral de lo aceptable se desplace.

Los «ciudadanos preocupados» pueden odiar a los inmigrantes, demonizar a los musulmanes, sentir desprecio y un profundo rechazo hacia los que tienen un aspecto distinto, aman de otra manera, profesan otra fe o piensan de forma diferente, pero la preocupación, supuestamente intangible, enmascara estas convicciones y estos afectos. Lo que se sugiere es que el «ciudadano preocupado» es intocable. ¿Acaso la preocupación merece algún tipo de reproche moral? Como si en una sociedad todo debiera estar permitido, como si no pudiera haber normas que establezcan lo que es aceptable y lo que no, ya que toda norma limitaría el libre egocentrismo del individuo.

Los «ciudadanos preocupados» no solo están en boca de quienes se esconden tras esa denominación —los simpatizantes del movimiento PEGIDA o del partido Alternativa para Alemania (AfD)—, sino que ya algunos periodistas están contribuyendo a esta curiosa transfiguración de los afectos. Por el contrario, los medios deberían analizar las causas y los objetos de tales preocupaciones de forma diferenciada, explicándolos cuando sea necesario y criticándolos si carecen de cualquier base real y factual. La obligación del periodista no es dar la razón en todo a los lectores, ni apoyar de entrada y sin condiciones a movimientos sociales de mayor o menor calado, sino analizar sus motivos, sus argumentos, sus estrategias y sus métodos y criticarlos si es necesario.

Urge preguntarse si este odio envuelto en «preocupación» puede estar funcionando como sustitutivo (o válvula de escape) para canalizar experiencias colectivas de privación de derechos, marginación y falta de representación política. En este sentido, también es necesario analizar objetivamente las causas que generan esa energía que hoy se descarga en forma de odio y violencia en tantos lugares. Para ello, las sociedades afectadas deben ser autocríticas y preguntarse por qué no logran detectar con antelación las infracciones ante las cuales el odio y el fanatismo identitarios, no son la respuesta adecuada. ¿Qué antifaces ideológicos impiden reconocer el malestar que genera la desigualdad social?

A este respecto me parecen muy prometedoras las reflexiones de Didier Eribon, quien —retomando a Jean-Paul Sartre— afirma que los grupos y entornos especialmente proclives al fanatismo y al racismo son aquellos que se forman a partir de experiencias más bien negativas. Para Sartre existen determinados grupos, que él denomina «series», que se constituyen mediante procesos de adaptación pasiva e irreflexiva a un entorno restrictivo que opone resistencia. Por lo tanto, lo que da cohesión a estas series es la sensación de impotencia frente a la realidad social y no tanto un sentimiento de identificación activa y consciente con una misión o una idea[6]. Eribon estudia concretamente la tendencia de la clase obrera francesa a aproximarse al Frente Nacional, pero el análisis estructural de cómo surgen grupos y movimientos formados no tanto con un propósito político o de autoafirmación, sino más bien caracterizados por experiencias (u objetos) materiales y negativas, también podría ser interesante aplicado a contextos y entornos distintos. El racismo o el fanatismo, entendidos como un motivo de comunitarización *[Vergemeinschaftung]*, se anteponen en cierta medida a lo que realmente debería unir a los individuos: «Entonces, lo que permite que la división racista suplante a la división en clases es, sobre todo, la ausencia de movilización o de percepción de uno mismo como parte de un grupo social movilizado o solidario (ya que podría movilizarse y, por ende, siempre está mentalmente movilizado)»[7].

Según esta lectura, sería necesario socavar los patrones racistas y nacionalistas (y proteger así a quienes son sometidos a ellos), para después arrojar luz sobre aquellas cuestiones sociales que no se han planteado, ya sea consciente o inconscientemente. Tal vez en eso consista la particular tragedia de los dogmáticos iliberales y fanáticos: en no abordar justamente las cuestiones que generan un malestar político legítimo. «Lo peligroso de la preocupación es que, so pretexto de encontrar una solución al problema, ella misma se convierte en un obstáculo para lograrlo.»[8]

ODIO Y MENOSPRECIO

PRIMERA PARTE: ENEMISTAD CENTRADA EN UN GRUPO (CLAUSNITZ)

> *La monstruosidad y la invisibilidad son dos subclases del otro.*
> ELAINE SCARRY,
> *Das schwierige Bild des Anderen*

¿Qué es lo que ven? ¿Qué ven distinto de lo que veo yo? El vídeo es corto. Demasiado corto, quizás. Puede verse una y otra vez y sigue siendo incomprensible. La oscuridad envuelve la escena como un manto; en el centro, como principal fuente de luz, un letrero verde brillante que reza: «El placer de viajar»; a la izquierda hay algo cuadrado y amarillo, probablemente el retrovisor exterior del autobús; en primer plano solo se ven las coronillas de los que están en la calle, con los brazos estirados hacia los ocupantes del autobús mientras señalan con el pulgar hacia arriba y el índice hacia delante y gritan: «Nosotros somos el pueblo». En ningún momento del vídeo se los verá de frente. Solo existen como manos en movimiento, como una consigna colectiva que se explicara por sí misma o justificase el odio hacia los demás. «Nosotros somos el pueblo», esa cita histórica que remite a las manifestaciones pacíficas de 1989-1990, pero ahí en Sajonia y en ese momento quiere decir: «Vosotros no lo sois». «Somos nosotros los que decidimos quién pertenece al grupo y quién no.»[9]

¿Qué o a quién están viendo?

La cámara hace un pequeño zoom sobre el parabrisas del autobús; en su interior se distinguen siete personas sentadas y de pie, en la parte delantera. A la derecha está el conductor, impertérrito y con una gorra de visera bien calada; a la izquierda, en la primera fila de asientos, hay dos mujeres más jóvenes; en el pasillo, dos hombres dan la espalda a la multitud que vocifera en el exterior y parece que influyen en el resto de refugiados, de rostro petrificado; uno de los hombres abraza a un niño. Solo se ven las dos manitas que le rodean la espalda.

¿Cuánto tiempo llevarán ahí sentados? ¿Cuánto tiempo lleva el autobús bloqueado? ¿Se ha intentado hablar con los que gritan y cortan el paso al autobús? Las respuestas a estas preguntas no se pueden obtener a partir del material gráfico. Una mujer mayor con un velo color beige está de pie, en el pasillo, y mira a la muchedumbre encolerizada que hay delante del autobús; es obvio que la mujer está alterada: gesticula apuntando a los que gritan y escupe o, al menos, hace ademán de escupir. Del mismo modo que quienes están fuera, con su «Nosotros somos el pueblo», dan a entender que «Vosotros no sois de aquí», «No pertenecéis a este grupo», «Volved por donde habéis venido», el gesto de escupir representa una especie de «No», «No, no merecemos esta humillación». «No, este comportamiento no es de recibo.» «No, quién quiere pertenecer a un pueblo que se comporta de este modo.»[10]

Después, el niño es liberado del abrazo protector y, por primera vez, se ve a un crío vestido con una sudadera con capucha azul; tiene el rostro descompuesto y parece estar llorando mientras mira a aquellos cuya consigna no entiende, pero cuyos gestos no dejan lugar a dudas. Así que debe salir ahí fuera. Conducen al niño por la puerta delantera hacia la oscuridad del exterior, donde ahora gritan: «¡Fuera! ¡Fuera!». Dentro se ve a las dos mujeres de la primera fila agarradas; una esconde el rostro tras el hombro de la otra, mientras esta se seca las lágrimas.

¿Qué están viendo? ¿Qué ven los que están ahí fuera de pie, gritando? El vídeo de Clausnitz ha sido objeto de numerosos debates y comentarios. Casi todos reaccionaron con horror e indignación. Se ha hablado de «vergüenza», de una «turbamulta», y la mayoría ha tratado de distanciarse de lo ocurrido, bien de forma oral o escrita. Yo, de entrada, reaccioné con asombro. Antes de sentir espanto me asaltó la incomprensión. ¿Cómo *funciona*? ¿Cómo es posible ver a ese niño llorando, a las dos jóvenes aterrorizadas en la primera fila del autobús y hacerlas desaparecer a base de gritos? Están viendo a unas personas asustadas, pero no perciben el miedo ni a las personas. ¿Qué técnicas de anulación o enmascaramiento se están aplicando? ¿Qué factores ideológicos, emocionales y psíquicos condicionan esa mirada que no percibe a las personas como tales?

En Clausnitz, las personas no solo son transformadas en algo invisible; los refugiados del autobús no pasan inadvertidos, como el chico del metro en el texto de Claudia Rankine; no son ignorados, sino que son percibidos como algo merecedor de odio. «El odio presupone una "completa aprehensión" del objeto —escribió Aurel Kolnai en su *Fenomenología de los sentimientos hostiles*—; este tiene que ser de algún modo objetivamente importante, significativo, peligroso, poderoso»[11]. En este sentido, el lema «Nosotros somos el pueblo» no es suficiente. No solo se trata de que unos pertenezcan supuestamente a ese lugar y otros no. Esto sería demasiado banal. En tal caso, los recién llegados también podrían ser tachados de irrelevantes. Para eso, «el pueblo» bien podía haberse quedado en casa y dedicado a cosas más importantes. Lo que aquí ocurre es distinto.

Por un lado, los refugiados del autobús son transformados en algo *invisible* en tanto que individuos. No son percibidos como parte de un «nosotros» universal. Se niega su existencia como seres humanos con una historia particular, con experiencias y rasgos distintivos. Al mismo tiempo, son transformados en un constructo *visible* en tanto que representan a los otros, una negación del nosotros. Sobre ellos se proyectan rasgos que los conforman y los etiquetan como una amenaza, un colectivo repugnante y peligroso. «La monstruosidad y la invisibilidad son dos subclases del otro —escribe Elaine Scarry—; una es visible en extremo y aleja de sí la atención que concita, mientras que la otra es incapaz de atraer la atención y, por tanto, está ausente desde el primer momento.»[12]

En esta escena de Clausnitz se odia abiertamente, y es un odio cuyo objeto se debe concebir como algo monstruoso y de una importancia existencial. Esto presupone una particular inversión de la relación de poder existente. Aunque los que acaban de llegar estén a todas luces indefensos, aunque no posean más bienes que lo que ha sobrevivido a la huida dentro de una bolsa de plástico o en una mochila, aunque no hablen un idioma en el que puedan expresarse o defenderse, aunque ya no tengan casa, es necesario atribuirles un verdadero peligro al que los supuestos ciudadanos indefensos deban hacer frente.

En este vídeo se distinguen tres grupos de personas alrededor del autobús: por una parte están los que vociferan y gritan consignas; por otra, quienes los miran y, en tercer lugar, los policías.

Primero: a día de hoy, poco se sabe sobre los hombres que gritaban frente al autobús. Sigue siendo un grupo difuso al que unas veces se denomina «turbamulta», otras «gentuza» y otras «panda». No me identifico con ninguno de estos términos. No soy partidaria de condenar a las personas como tales[13]. No se sabe la edad ni la formación que tienen, desconocemos su origen social o religioso, si trabajan o están en paro y si alguna vez han tenido contacto con refugiados en su propia región. No es tanto la biografía de quienes odian lo que me interesa aquí; tampoco saber si, como individuos, se consideran «de derechas», si tienen vínculos con alguna organización o partido político, si se sienten próximos al partido AfD o a Die Linke [partido de la antigua izquierda comunista], si escuchan música de grupos radicales, como Sachsenblut o Killuminati, o tal vez las baladas románticas de Helene Fischer. Más adelante, la policía de Sajonia explicará que fueron cerca de cien personas, en su mayoría procedentes de la región, las que protestaron contra el alojamiento para solicitantes de asilo en Clausnitz.

Lo que me interesa es lo que estas personas dicen y hacen, me interesan sus *actos*; por eso, en adelante, se hará referencia a ellos como los que odian, los que gritan, los que protestan y los que difaman. Observar y criticar comportamientos en lugar de censurar a personas abre la posibilidad de que estas se distancien de sus actos, de que cambien. Esta perspectiva no condena a una persona ni a un grupo en su conjunto, sino lo que dicen y hacen en una situación *concreta* (y las consecuencias que de ello se derivan). Dicha perspectiva permite contemplar la posibilidad de que estas personas, en otra situación, pudieran comportarse de un modo distinto. Lo que me interesa, por tanto, es averiguar qué los capacita para actuar así. ¿De dónde procede este lenguaje? ¿Cuáles son los antecedentes de su comportamiento? ¿Qué patrones interpretativos subyacen en esta forma de ver a los refugiados?

En la página de Facebook en la que el vídeo de Clausnitz se colgó al parecer por primera vez, titulada *Döbeln se rebela: mi voz contra la extranjerización*[14], esa breve película parece ser el punto culminante, al menos hasta ese momento, de toda una secuencia formada por once imágenes y numerosos comentarios referidos al traslado de los refugiados[15]. El material disponible no permite saber quién tomó las fotos ni cuándo. Parece haber varios autobuses, cuyos trayectos desde o hasta donde se alojan los refugiados se documentan gráficamente. La serie de imágenes comienza con una fotografía que muestra un lugar oscuro: en el centro hay una calle desierta, está en una zona industrial; en el margen izquierdo, se ve parte de dos fachadas y la mitad de un autobús blanco que está girando hacia la izquierda y perdiéndose entre los dos edificios. El título de la foto reza: «En silencio y con sigilo en Döbeln», seguido del comentario: «Poco después de las seis cerca de Autoliv. Llegan los nuevos profesionales del robo y del hurto».

Autoliv es la sede en Alemania de un fabricante sueco de equipos de seguridad que, hace dos años, tuvo que dejar de producir en Döbeln. Desde 1991, la empresa había fabricado cinturones de seguridad, reguladores de altura y cierres. La plantilla fue disminuyendo de los 500 empleados iniciales hasta llegar a 246 antes de cerrar definitivamente la filial de Döbeln en 2014 y trasladar la producción a Europa del Este[16]. Tras las negociaciones mantenidas con los propietarios del bien inmueble, a finales de 2015 la fábrica vacía se acondicionó como centro de primera acogida para refugiados, con una capacidad máxima de 400 plazas. Curioso movimiento: como la ira desatada contra la empresa que cerró la fábrica de Döbeln se quedó sin destinatario, ¿al parecer ahora se vuelve contra los que han ocupado el espacio vacío? ¿No contra quienes desmantelaron la fábrica, sino contra los que necesitan un edificio que no está en uso? Entonces, el calificativo de «profesionales del robo y del hurto» ¿no es un insulto dirigido hacia los directivos de Autoliv, sino a los refugiados que deben instalarse en un inmueble abandonado?

En otra de las fotos solo se ve la parte trasera de un autobús con el letrero «El puro placer de viajar». Es el nombre de una agencia de viajes local, que explica en su web el significado de esta expresión: «Disfrute de sus vacaciones en la agradable compañía de viejos conocidos y haga nuevas amistades». El resto de instantáneas de la serie muestra la agradable compañía que, gracias a «El placer de viajar», esperaba a los refugiados el 18 de febrero de 2016: en otra foto, un vehículo cruzado en mitad de la carretera corta el paso de un autobús[17]. En otra de las imágenes se ve un tractor con una pancarta desplegada delante del volquete: «Nuestro país, nuestras reglas: tierra, libertad, tradición», lo cual no deja de tener cierta gracia, pues ni el concepto de «tierra», ni el de «libertad», ni el de «tradición» hacen referencia a una sola regla que de ello pudiera derivarse. Tampoco se explica que al menos «libertad» y «tradición» también pueden ser términos excluyentes.

La secuencia de imágenes inserta el vídeo principal en el relato de una especie de cacería, como si el autobús de refugiados fuese perseguido y finalmente atrapado, como si fuera un animal. Obviamente se trata de un relato que no desagrada a los gestores de la página ni a quienes participan en ella (de lo contrario no se publicaría ni merecería tanta documentación); es el relato de una suerte de cacería para la cual los participantes se sienten legitimados. No cuestionan en absoluto un comportamiento que tiene como consecuencia el bloqueo de un

autobús durante más de dos horas, así como el acoso y la coacción de mujeres y niños. Antes bien, el
propio grupo de cazadores pone fin al relato presen-
tándose frente a su presa indefensa, enfurecidos a la
par que orgullosos.

Lo que resulta interesante en este género caracterizado por una persecución y el consiguiente bloqueo es el deseo de estar próximo al origen del supuesto peligro. Son dos autobuses distintos: el de la
primera fotografía, tomada en Döbeln, y el que acaba bloqueado en Clausnitz, pero ambas escenas tienen en común que convierten el traslado de refugiados en un escándalo por medio de unas fotos («En
silencio y con sigilo en Döbeln»). No es posible saber a ciencia cierta cuánto tiempo llevaban esperan-
do los agitadores de Clausnitz ni quién los avisó. Lo
que sí es seguro es que todos los que cortaban el
paso al autobús *buscaban* un enfrentamiento abierto.
Es decir, los refugiados no fueron *evitados* por quienes supuestamente les tenían miedo; los refugiados
no provocaron repugnancia ni asco, sino todo lo
contrario: fueron objeto de una caza premeditada.
Si (como se suele afirmar) el miedo o la preocupación
hubiesen sido los auténticos motivos de quienes pro-
testaban, estos no buscarían estar *cerca* de los refugiados. Quien actúa llevado por el miedo trata de
poner la mayor distancia posible entre él y el peligro. El odio, por el contrario, es incapaz de esquivar
su propio objeto o alejarse de él; necesita tenerlo a
una distancia razonable para poder «aniquilarlo»[18].

Segundo: el segundo grupo de personas situado junto al autobús de Clausnitz está formado por los espectadores. Ellos no parecen llenos de ese odio. Probablemente hubo personas que se encontraban allí por puro morbo o por el mero entretenimiento que entraña cualquier provocación y que saca al individuo del tedio de su rutina diaria. Puede que también hubiese participantes pasivos que no gritaron, sino que simplemente mostraron asombro del mismo modo que otros gritan; que sintieron un placer más bien obsceno al contemplar la exclusión que ponían en práctica los demás antes que verse capaces de hacerlo por sí mismos. Las fotografías muestran a estos participantes pasivos. Están en medio de todo y conforman el público que presta atención a los que gritan, quienes, a su vez, necesitan a esos espectadores para poder reafirmarse como «pueblo».

El doble efecto que este tipo de actuaciones produce radica en el componente de espectáculo, un espectáculo dirigido a un público que aumenta cuanto más insólita sea la provocación. Además, el espectáculo se dirige contra unas víctimas que no pueden negarse a participar en una escenificación que los denigra. El componente de espectáculo no solo amedrenta a las víctimas, sino que las exhibe ante un público que las degrada, convirtiéndolas en un objeto de divertimento. El espectáculo de la muta obedece a una tradición: la humillación ostensiva y pública de los marginados, la exhibición de la propia fuerza en un foro en el que se persigue o se lincha a personas indefensas, la destrucción de sus casas y sus negocios es una de las técnicas más antiguas que han

llegado hasta nuestros días. El espectáculo de Clausnitz se inscribe en la historia de todas esas representaciones que aterrorizan a personas de una determinada religión, con un determinado color de piel o
una determinada orientación sexual haciéndoles
creer que no pueden sentirse seguras. Que son físi-
camente vulnerables. En todo momento.

Al volver a ver el vídeo, esto me sorprende más que
el griterío de los que están pegados al autobús: ¿qué
está haciendo el público? ¿Por qué nadie interviene?
¿Por qué nadie se dirige a los hombres que gritan
consignas para tratar de calmarlos? ¿Por qué los pre-
sentes delegan en la policía la posibilidad de intervenir? Son vecinos, conocidos, gente de Clausnitz; se
conocen del colegio, del trabajo, de verse por la calle.
Tal vez algunos se hayan mudado recientemente,
pero muchos se conocen. ¿Por qué nadie toma la
iniciativa y dice: «Venga, vale, yo creo que ya basta»?
Este sería el caso en cualquier equipo de fútbol. ¿Por
qué nadie intenta decir: «Vámonos»? A lo mejor es
porque nadie se atreve. O porque el ambiente está
demasiado caldeado. Puede que la muchedumbre
esté demasiado furiosa, que sea demasiado peligroso
criticarlos o dirigirles siquiera la palabra.

Pero ¿por qué los espectadores se quedan mirando? ¿Por qué no se van a casa? Todos los que insisten
en formar parte del público se suman al conjunto de
quienes se oponen a los ocupantes del autobús. Todos los que se quedan parados, mirando embobados,
actúan como amplificadores de los que odian. A lo
mejor no han reparado en ello. Puede que solo qui-
sieran echar un vistazo, como si eso no fuese un

comportamiento que también influye en los demás. Tal vez solo después, cuando todo hubo acabado, sintiesen cierto malestar. De ser así, hay algo que debería darles que pensar con efecto retroactivo: todos y cada uno de los que estaban mirando podrían haberse marchado, enviando así una señal que dijera: «No en mi nombre». Todos y cada uno podrían haber demostrado yéndose que ese no es mi pueblo o no es mi lengua, ni mi gesto, ni mi actitud. Esto no requiere mucha valentía. Solo un poco de distancia.

Tercero: «El furor se desahoga sobre quien aparece como indefenso», escriben Max Horkheimer y Theodor W. Adorno en su *Dialéctica de la Ilustración*[19]. Los policías son el tercer actor del vídeo. Su mera presencia tiene un efecto inicialmente tranquilizador. Nadie sabe qué habría pasado de no estar allí la policía, si el odio habría aumentado, tornándose en violencia contra los refugiados. En este sentido, la presencia de unas fuerzas del orden responsables de impedir que se desencadenen actos violentos es importante y positiva. Ahora bien, los funcionarios desplazados a Clausnitz tienen claras dificultades para calmar los ánimos. ¿Por qué? Sobre esto solo cabe especular. No hay grabaciones hechas desde el autobús, con lo cual no es posible saber si hubo policías que se preocuparon por los refugiados. Pero tampoco *a posteriori* se ha tenido noticia de tales intentos. Las imágenes solo muestran el periodo durante el cual los policías estuvieron observando el comportamiento de la muchedumbre chillona y, cuando menos, no trataron de impedirlo de forma efectiva. No se oye ningún mensaje transmitido por megáfono, como suele ser habitual en los cortes provocados por manifestantes. Ningún anuncio de que, en caso de infracción, se tomarían los datos personales de los implicados y se desalojaría la zona. No se ve nada parecido. Los policías parecen más pendientes de los ocupantes del autobús, como si su deber fuese llamar al orden a los refugiados y no a los provocadores y al público que están frente al vehículo. En algunas fotografías se ve claramente cómo los amantes del morbo cercan el autobús sin que un solo agente los obligue a guardar distancia. La ostensible ambivalencia de esta intervención policial, a medio camino entre la impotencia y la apatía, da a entender a quienes bloquean el paso que pueden *seguir actuando* así.

En favor de la policía es necesario decir que, ciertamente, una situación de esa naturaleza entraña un problema objetivo: mientras la muchedumbre congregada frente al autobús siga gritando, los refugiados, presas del miedo, no podrán bajar. Pero, en vez de empezar por contener a los que protestan, para luego, en un clima de tranquilidad, persuadir a los refugiados de que bajen todos juntos, la primera reacción de las fuerzas de seguridad es contundente y airada cuando los refugiados del autobús comienzan a rebelarse contra la situación. Así, la llamada al orden no se dirige a quienes impiden que el autobús llegue al centro de acogida, sino a quienes son objeto de los gritos y el acoso. Cuando uno de los chicos que están dentro del vehículo, en señal de desprecio, saca el dedo al «pueblo» congregado frente al autobús, uno de los policías emplea toda su fuerza física y lo saca a empujones del vehículo, como si fuese un delincuente y no un niño que lleva más de dos horas siendo objeto de los insultos y las amenazas de cerca de cien personas. Tal vez hubiera otros policías que habrían preferido otra solución, más rápida y más sensible al miedo de los refugiados, pero, por lo que parece, no lograron imponerse.

En la secuencia de imágenes que reproducen el bloqueo del autobús y el griterío, no hay nada que certifique un comportamiento incorrecto por parte de los refugiados. Ni en las fotografías ni en los comentarios posteriores hay una sola referencia a posibles antecedentes que expliquen por qué los ocupantes del autobús no son bienvenidos; nada de lo que estas imágenes reproducen alude a los individuos que están dentro del vehículo. El odio desatado en esta situación debe su fuerza, precisamente, al hecho de que ignora o exagera una realidad concreta. No necesita una base ni un pretexto reales. Le basta con la proyección. El odio se dirige contra los refugiados, ellos son el objeto, pero no la causa. Al igual que Titania no ama a Lanzadera por ser como es, sino porque ella está bajo los efectos de la pócima, los que protestan en Clausnitz no odian a los refugiados por ser como son. Del mismo modo que la consideración y el reconocimiento presuponen conocer al otro, el odio y el menosprecio presuponen con frecuencia desconocerlo. También en el caso del odio, la causa y el objeto de la emoción no necesariamente coinciden. Al igual que Titania podría enumerar los motivos por los que ama a Lanzadera, los que protestan en Clausnitz podrían enumerar los motivos por los que odian a los refugiados y, sin embargo, estos no son la causa de su odio. Simplemente les atribuyen, como a tantos otros refugiados, determinadas características que los vuelven «odiosos», «peligrosos» y «despreciables».

Pero ¿cómo surge este sentimiento? ¿De dónde proceden esta mirada, estos esquemas interpretativos según los cuales los refugiados son percibidos como algo «odioso»?

El odio no surge de la nada. Ni en Clausnitz, Freital o Waldaschaff. Tampoco en Toulouse, París u Orlando. Ni en Ferguson, Staten Island o Waller County. *El odio tiene siempre un contexto específico que lo explica y en el que surge.* Los motivos que lo sustentan y sirven para explicar por qué un grupo «merece» supuestamente ser odiado se deben *producir* en un contexto histórico y cultural específico. Esos motivos han de ser expuestos, narrados e ilustrados una y otra vez hasta que calen en forma de una disposición determinada. Por seguir con la alegoría shakespeariana: alguien debe preparar la pócima que causa esa reacción. El odio acérrimo y encendido es producto de unas prácticas y convicciones fríamente calculadas, largamente cultivadas y transmitidas durante generaciones. «La disposición colectiva al odio, así como al desprecio [...], no es posible sin las correspondientes ideologías, según las cuales los objetos del odio o del desprecio social representan una fuente de daño, un peligro o una amenaza para la sociedad.»[20]

La ideología que lleva al odio en Clausnitz no se genera solo en esa localidad. Tampoco es exclusiva de Sajonia, sino que es producto de todos esos contextos virtuales, foros de debate, publicaciones, tertulias y canciones en los que, por lo general, nunca se presenta a los refugiados como unos seres humanos con los mismos derechos y con dignidad propia. Para analizar el odio y la violencia es necesario observar estos discursos que generan patrones y modelos, los cuales, a su vez, abonan y justifican tales sentimientos[21]. En este sentido merece la pena mencionar la página de Facebook titulada *Döbeln se rebela*, donde apareció el vídeo de Clausnitz por primera vez. No es un foro con especial repercusión, pero en él ya se encuentran todos los esquemas que sirven de base al resentimiento y la difamación, hacen que los ocupantes del autobús sean invisibles *como personas* y visibles *como algo monstruoso*. Esto es solo una muestra de la ideología que también está presente en muchos otros sitios web de organizaciones de extrema derecha y de personas o grupos próximos a PEGIDA y que podría ilustrarse con muchos más ejemplos.

Lo primero que llama la atención es el reduccionismo consciente de la realidad. No hay una sola referencia, información ni historia relativas a migrantes que los caracterice por su sentido del humor o de la musicalidad, sus habilidades técnicas o sus dotes intelectuales, artísticas o emocionales. Nótese que tampoco hay noticias sobre el fracaso, las debilidades o los caprichos de un migrante en concreto. En realidad, no hay un solo individuo, sino únicamente representantes de un grupo. Cada musulmán o cada musulmana (si bien, esencialmente, se hace referencia al género masculino) representan a todos los demás. La decisión de instrumentalizar a uno u otro musulmán o migrante es arbitraria, siempre y cuando sirvan de ejemplo para demostrar la supuesta maldad de todo el colectivo.

El mundo de los que odian recuerda a un programa de la televisión alemana titulado «Expediente XY abierto», solo que sin el «abierto», porque el caso ya ha sido resuelto. La culpa siempre es del islam, de la llegada de los musulmanes; siempre se habla de esa energía criminal que habita supuestamente dentro de todos y cada uno de los refugiados. Lo que se sugiere es la existencia de una sociedad en perpetuo estado de excepción, donde no hay espacio para la felicidad personal ni para las situaciones curiosas, absurdas y emotivas, pero tampoco para aquellas molestas y difíciles que implica la convivencia. En este mundo, sencillamente, la normalidad no tiene cabida. Solo se dan excepciones que, elevadas a la categoría de escándalo, se constituyen como norma. El mundo queda así limpio de todo pluralismo real en el ámbito cultural, social o siquiera político. No hay lugar para los encuentros inocentes, las experiencias positivas ni las situaciones alegres. Cualquier nota de ligereza y facilidad, cualquier tipo de gozo, estaría fuera de lugar.

¿En qué se traduce esta visión sesgada del mundo? ¿Cuáles son las consecuencias de percibir a las personas, una y otra vez, en una sola de sus facetas, en un determinado rol, con una función específica? De entrada, esto ni siquiera produce odio. Lo que esta estrechez de miras consigue es mutilar la imaginación por encima de todo. El efecto nefasto de los foros y las publicaciones en los que los refugiados aparecen siempre como colectivo y nunca como individuos, en los que los musulmanes se presentan siempre y únicamente como terroristas o «bárbaros» primitivos, es que anula, casi por completo la posibilidad de que *imaginemos* a los migrantes de un modo distinto. Esta perspectiva limita el espacio destinado a la imaginación y, por tanto, a la empatía. Reduce las infinitas posibilidades de ser musulmán o migrante a *una* sola opción. Así, los individuos acaban subsumidos en colectivos, y estos colectivos siempre se asocian con los mismos atributos. Quien solo se informe a través de estos medios, quien solo tenga acceso a esta visión sesgada del mundo y de las personas que lo habitan, acabará asimilando las mismas cadenas de asociaciones fijas. Con el paso del tiempo será casi imposible concebir a los musulmanes o a los migrantes de otro modo. La imaginación se ve así mutilada. Solo queda una forma de pensamiento abreviado que únicamente funciona con atributos y juicios prefabricados.

Imaginemos esta estrechez de miras aplicada a la realidad en otra de sus posibles variantes: imaginemos una página de Facebook, un periódico o un programa de televisión en los que los cristianos fuesen mencionados única y exclusivamente cuando cometiesen un delito y que cada delito cometido por una persona de confesión cristiana fuese relacionado de forma *causal* con su credo. En un foro de esta naturaleza no habría una sola noticia sobre parejas de cristianos enamorados, sobre abogados cristianos expertos en derecho fiscal, sobre agricultores católicos o mecánicos protestantes; ni una noticia sobre música coral sacra o sobre festivales de teatro en los que se pudiese ver a actores cristianos, sino única y exclusivamente información sobre el Ku Kux Klan, los atentados de los antiabortistas y otros delitos individuales que abarcarían desde la violencia de género hasta el asalto a bancos, secuestros y asesinatos con robo, pasando por los abusos infantiles; todo ello bajo el epígrafe *cristianismo*. ¿Cómo afectaría este esquema a nuestra percepción de la realidad?

«La capacidad del ser humano de infligir daño a los demás es tan grande —afirma Elaine Scarry— porque nuestra capacidad de crearnos una imagen adecuada de ellos es muy pequeña.»[22] Con una capacidad de imaginación tan limitada desaparece también la posibilidad de empatizar con la persona que tengo enfrente. Quien ya no es capaz de *imaginar* hasta qué punto cada musulmana o cada migrante es especial, en qué medida cada persona trans o cada ser humano negro es singular; quien no es capaz de imaginar cuánto se asemejan todos ellos en lo que respecta a la búsqueda fundamental de la felicidad y de la dignidad, tampoco reconocerá su vulnerabilidad como seres humanos, sino que solo verá una imagen prefabricada. Y, de esa imagen, de ese relato, nacen los «motivos» para justificar la agresión a los musulmanes (o a los judíos, a las feministas, a los intelectuales o a los gitanos).

Lo que resulta tan desalentador al analizar estos foros es que todo esto ya sucedió una vez. No es nada nuevo. Estos patrones de percepción no son nada originales, sino que tienen precedentes históricos. Son los mismos temas de siempre, las mismas imágenes y los mismos estereotipos los que se citan y se repiten como si fueran algo nuevo. Como si nadie recordase ya en qué contexto surgieron ni cómo se abusó de ellos en su momento. Como si esto no hubiese ocurrido ya: el odio hacia los extranjeros, la exclusión de todo lo que se considera distinto, el griterío en las calles, las pintadas difamatorias y aterradoras, la constitución de lo propio como nación, como pueblo; en suma, la construcción de los otros, de quienes supuestamente no se adaptan a lo establecido, como los «degenerados» *[die Entarteten]*, los «asociales».

También el esquema según el cual los «hombres extranjeros» acosaban presuntamente a «nuestras mujeres» y «nuestras niñas»; todo eso ya fue en su día uno de los temas centrales de la propaganda nacionalsocialista. Los textos y las caricaturas antisemitas alertaban una y otra vez de los judíos, que, en teoría, se abalanzaban sobre las «mujeres alemanas»[23]. El término «ignominia negra» estigmatizaba a los negros como un peligro sexual para las «mujeres blancas» mediante imágenes que, en la actualidad, siguen circulando o vuelven a circular con una estética prácticamente idéntica. Hoy los «extranjeros», ya sean negros o refugiados, vuelven a ser señalados como un peligro sexual[24].

Esta no es razón para no informar sobre los delitos cometidos por migrantes. Es evidente que toda forma de violencia sexual debe ser denunciada. El mero hecho de tener que mencionarlo resulta absurdo. Sin embargo, una cobertura informativa pausada (y rigurosa) es preferible a otra rápida (y, en ocasiones, chapucera). Y, por supuesto, a la hora de reflexionar sobre este tipo de actos, también es necesario preguntarse por las estructuras sociales, económicas e ideológicas que los condicionan y los favorecen, del mismo modo que, para esclarecer los escándalos relacionados con los abusos sexuales ocurridos en diversas instituciones de la Iglesia católica, ha habido que indagar sobre los posibles factores que favorecieron o promovieron los abusos infantiles por parte de religiosos católicos. También en este caso fue posible y necesario realizar un análisis diferenciado del dogma religioso del celibato, la estigmatización de la homosexualidad, las particulares relaciones de poder y de confianza entre los sacerdotes y los niños, el pacto de silencio…, pero también de las biografías personales de los autores de estos delitos. Dicho debate ha sido posible sin necesidad de generar *per se* una hermenéutica de la sospecha contra los creyentes católicos, ya fuesen individuos o comunidades. Nadie ha exigido a ningún católico que se distancie públicamente de los hechos.

El problema solo surge cuando se informa preferentemente sobre violencia sexual, cuando el hecho delictivo se asocia a un determinado perfil y no se recogen otros casos cometidos por personas con perfiles diferentes. De este modo, la imagen de los migrantes o de los negros queda irremediablemente unida a la idea de «violencia sexual». Imaginemos por un momento el caso contrario: qué pasaría si cada vez que se informara sobre un delito se añadiese el dato de que su autor es *blanco*. Todos los días. En cada caso de robo, abuso de menores, delito violento, siempre habría sido el «hombre *blanco*» de Höxter o de donde fuera. De pronto, los casos en los que se informara de un delito cometido por alguien negro simplemente serían menos. Por supuesto que no se trata de sugerir que un delito deba ser menos reseñable o condenable que otro; lo que se reclama es un análisis más objetivo, capaz de establecer una relación cuantificable y adecuada entre los delitos y el perfil de quienes los cometen.

Insistiré una vez más: claro que hay migrantes que cometen este tipo de delitos. Y no solo individual, sino también colectivamente, como demuestran los terribles casos de acoso registrados en Colonia en Nochevieja. Y, por supuesto, es necesario y pertinente informar abiertamente de ellos, lo cual implica realizar un análisis exhaustivo de los perfiles de los acosadores de Colonia y de lo que aconteció ese día, diferenciando al máximo y estudiando todos los factores relevantes que pueden favorecer estos actos. Así, el consumo excesivo de alcohol puede ser igual de importante que el machismo y los modelos de pensamiento patriarcal. Y, naturalmente, también procede analizar qué contextos y discursos alimentan y cultivan el desprecio hacia las mujeres y su autodeterminación. Son precisamente estos discursos y estos esquemas ideológicos prefabricados en contra de la mujer los que merecen una crítica. Sin embargo, en estos casos reales ocurre que los fantasmas racistas se mezclan con los sexistas, y es precisamente este solapamiento de lo real y lo fantasmagórico lo que debe ser objeto de reflexión y análisis en los propios textos e imágenes. Es más fácil de lo que parece.

El discurso que tiene lugar en el entorno directo del vídeo de Clausnitz no necesita recurrir al término «raza». En su lugar se habla de «cultura», de «trasfondo migratorio», de «religión». Son eufemismos que enmascaran el tabú social del racismo o el antisemitismo sin alterar lo más mínimo la ideología que llevan implícita. Sigue existiendo una enemistad centrada en un grupo y se siguen atribuyendo rasgos ahistóricos e inmutables a determinados colectivos. Lo único que falta es el término «raza», pero se trata del mismo mecanismo de exclusión, con las mismas imágenes y los mismos motivos, solo que con otras palabras. Lo que falta son los «términos alarma», esas palabras clave que ayudarían a reconocer la intención política que está detrás. Por eso, ahora es «Occidente» lo que hay que proteger, el «pueblo», la «nación», sin que se describa con demasiado detalle en qué consiste cada cosa[25].

El mundo, tal y como se describe aquí, carece de todo componente lúdico y, dicho sea de paso, de todo elemento casual. A cualquier suceso, por contingente que sea, se le atribuye un significado y un propósito oculto. No hay lugar para los errores o los accidentes meramente humanos. Cualquier fallo se considera resultado de una intención, cualquier hecho casual es fruto de una conspiración que siempre tiene por objeto oprimir o perjudicar al propio grupo.

La cuestión central en páginas de Facebook como *Döbeln se rebela* o en otras tantas publicaciones de este tipo es el supuesto «reemplazo» de la población, la expulsión del «propio pueblo», controlada desde las altas instancias, que es sustituido por todo lo que se considera ajeno: refugiados, migrantes, personas no cristianas y no blancas. La guerra civil se convierte en un escenario tan temido como anhelado que acompaña este ideario a modo de bajo continuo.

El relato que se repite constantemente en este contexto es apocalíptico: la (vieja) historia de la propia derrota, de la propia opresión, que primero se construye con tintes dramáticos para luego embellecer la propia misión como algo existencial, como una llamada del destino. Así, el mundo se divide entre los ciudadanos pertenecientes a una nación alemana cada vez más pequeña o agonizante, por un lado, y aquellos que, supuestamente, contribuyen a su derrota de forma activa, por otro. Entre los adversarios también figuran todos los miembros de la sociedad civil que se muestran solidarios y dispuestos a ayudar a los refugiados: estos reciben el calificativo de «buenistas» o «palmeros de andén» [en alemán *Bahnhofsklatscher*, literalmente «los que aplauden en la estación»], como si ambas cosas fuesen algo de lo que avergonzarse[26].

Cualquier crítica externa a las propias convicciones y prácticas ni siquiera es objeto de análisis. La exposición frontal de un mundo polarizado basado en lo «propio» y lo «ajeno», el «nosotros» contra «ellos», rechaza de plano la más mínima crítica, que se ve desacreditada como un acto de censura, repre-

sión y manipulación de quienes libran la única bata-
lla justa y verdadera por salvaguardar el propio país,
el propio pueblo y la propia nación. De este modo,
se instaura un pensamiento cerrado que se considera
inmune a cualquier crítica o cuestionamiento. Aquí
no se pone en duda a los que amedrentan a mujeres
y niños o prenden fuego a los centros de acogida,
sino a quienes los censuran. Según esta perspectiva,
una cobertura informativa crítica solo sirve para demostrar la existencia de una prensa falaz y malinten-
cionada, incapaz de valorar como es debido la rebe-
lión heroica en defensa de la patria. En un estado de
paranoia, todo sirve para reafirmar la propia proyección, lo que permite justificar la propia agresión
como un acto de legítima defensa[27].

No es fácil seguir analizando páginas de este tipo
durante mucho más tiempo. Como homosexual, periodista y escritora, pertenezco a dos de los grupos
sociales especialmente odiados en este contexto. En
realidad, no me siento parte de un grupo, pero para
los que odian esto es irrelevante. Dentro de su esquema las personas como yo, con sus múltiples y
diversas relaciones e inclinaciones, son en cualquier
caso invisibles. Aunque jamás haya estado en una
estación aplaudiendo, pertenezco al grupo de quienes son despreciados. Por el modo en el que amo
y por el modo en el que pienso y escribo. Al menos
es por algo que *hago*. Eso casi es un privilegio. Otros
son odiados por su color de piel o por su cuerpo. Yo soy
blanca y tengo un pasaporte alemán: ambas cosas son
contingentes. Y ambas me distinguen de otros que
están más expuestos e indefensos ante este odio y este

desprecio por ser negros o musulmanes, o ambas cosas, o por no tener papeles.

Sin embargo, este odio no solo afecta a quienes convierte en su propio objeto. Estas páginas no solo me perturban por su argumentación antiintelectual u homófoba. Me molesta que se argumente de un modo inhumano. Me molesta, única y exclusivamente, que se argumente en contra de un «nosotros» universal. Lo decisivo no es *quién* forma parte de ese constructo que es el otro invisible y monstruoso. El odio también podría dirigirse contra los zurdos o los aficionados al festival de Bayreuth. Lo que me perturba, básicamente, es el mecanismo de exclusión y la tremenda agresividad con la que se hostiga a seres humanos.

Ahora bien, esta página de Facebook no es más que un círculo reducido que se articula discursivamente en torno al vídeo de Clausnitz. Pero a este discurso se suman los demás distritos y lugares en los que ciertos grupos de personas se reúnen para protestar contra los refugiados y amedrentar a quienes desean darles la bienvenida. Podría ser un caso aislado, extremo y marginal, pero alrededor de este círculo se enlazan otros que, a su vez, giran en torno a quienes suministran la carga ideológica y elaboran los patrones narrativos que luego circulan en forma de modelo o de citas por internet o por los salones de las casas[28]. Los *proveedores del odio* son aquellos que jamás se comportarían de un modo tan desinhibido como los que gritan o prenden fuegos en la calle, pero ocultan sus «propósitos» tras una fachada burguesa. Son quienes se distancian públicamente del odio y la violencia y, sin embargo, les proporcionan en todo momento un fundamento retórico. Esta estrategia de pretendida ambivalencia es la que ponen en práctica los políticos de la AfD, pero también todos los que equiparan *grosso modo* a los refugiados con el terror y la delincuencia, los que no aceptan al islam como una comunidad de creyentes y los que murmuran sobre ejecutar la orden de abrir fuego en la frontera.

Por último, pero no por ello menos importante, el odio y el miedo también se ven alimentados por quienes esperan sacar beneficio. No importa si estos *mercaderes del miedo* están pensando en términos de índices de audiencia o número de votos, si lo que pretenden es publicar *best sellers* con títulos al uso o acaparar la atención con titulares rotundos; es posible que todos ellos se distancien de la «turbamulta» que ocupa las calles, pero lo cierto es que saben sacarle un rendimiento económico.

Al colectivo de los proveedores del odio y los mercaderes del miedo pertenece sin duda la red terrorista internacional autodenominada Estado Islámico (ISIS, por sus siglas en inglés) y su serie de asesinatos perpetrados desde Beirut hasta Bruselas, desde Túnez hasta París. Desde el punto de vista comunicativo, el ISIS persigue el mismo objetivo estratégico que los propagandistas de la «nueva derecha»: dividir a las sociedades europeas según la lógica de la diferencia. Con cada atentado, el ISIS no alimenta el miedo a los musulmanes de forma casual, sino premeditada. Con cada masacre filmada, cada ejecución de un rehén indefenso escenificada según los cánones de la cultura popular, con cada asesinato masivo, el ISIS no hace sino introducir de manera consciente y calculada una cuña en nuestras sociedades, alimentando la esperanza —en absoluto irracional— de que el miedo al terror pueda conducir a un recelo generalizado hacia los musulmanes europeos y, en último término, a su aislamiento[29].

Excluir a los musulmanes de una Europa plural, abierta y laica es el objetivo explícito del terrorismo del ISIS. El instrumento para conseguirlo es una polarización sistemática[30]. Cualquier mezcla, cualquier forma de convivencia cultural, cualquier tipo de libertad religiosa propia de la modernidad ilustrada, repele a los ideólogos del ISIS. Así, los fundamentalistas islámicos y los radicales antiislam actúan a modo de espejo mutuo, pues refrendan al otro en su odio y en la ideología que defiende una homogeneidad cultural o religiosa. Por esta razón, los foros de derechas recogen una y otra vez noticias sobre los terribles atentados perpetrados por el ISIS en ciudades europeas. La violencia objetiva y el terror real provocados por este movimiento alimentan la proyección subjetiva hacia todos esos musulmanes que huyen precisamente de esa violencia y de ese terror. Cada atentado sirve para justificar el miedo a los musulmanes, cada masacre permite difamar a una sociedad liberal y abierta, calificándola de mera ilusión. Esto también explica la reacción de algunos políticos y periodistas que interpretaron los atentados de París y Bruselas, ante todo, como una confirmación objetiva de su forma de ver el mundo; para ellos, tener razón parecía más importante que compartir el dolor con los familiares de las víctimas.

Sin embargo, todos los que no intervienen y que, si bien no actúan de ese modo, toleran y se muestran comprensivos con el comportamiento de otros también permiten y amplían el radio de acción del odio. El odio jamás podría surgir ni tener el mismo efecto —o al menos no tan duradero ni mantenido en el tiempo, ni tampoco en toda Alemania— de no ser por la tolerancia disimulada de quienes tal vez no aprueben los medios que emplean la violencia y la intimidación, pero sí desprecian el objeto sobre el que el odio se descarga. No son ellos los que odian, pero *permiten* que odien otros. Tal vez solo sientan indiferencia o no reaccionen por comodidad. No querrán implicarse ni tomar partido. No quieren sentirse importunados por estos conflictos tan desagradables. Desean preservar la tranquilidad de su rutina diaria, que no debe verse perturbada por la diferenciación y la complejidad propias de un mundo moderno.

A este grupo pertenecen las fiscalías que apenas intervienen tímidamente cuando se producen ataques contra los refugiados, sus centros de acogida o contra los gais; también los funcionarios que otorgan más credibilidad a los testigos alemanes y a otros ni siquiera los interrogan sobre lo que han visto u oído. También todos los que odian a los judíos, musulmanes o gitanos, pero se contienen para no expresar ese desprecio. A cambio, formulan su rechazo tímidamente. No en forma de odio ciego, sino como una preocupación latente. Argumentan que quienes participan en ataques contra los centros de refugiados o los periodistas que critican a las «élites» y a «Washington» no son tenidos en cuenta por la sociedad, que deberían ser tomados en serio, que sus sentimientos no deberían ser ignorados.

El odio de Clausnitz no es meramente marginal, sino un fenómeno alimentado y tolerado, justificado y apoyado hace tiempo desde el corazón de la sociedad. Esto no requiere un gran esfuerzo. Basta con devaluar y cuestionar de una forma sutil, pero constante, los derechos de unas personas que, ya de por sí, gozan de muy pocos. Basta con la desconfianza reiterada y permanente que las autoridades muestran respecto a los migrantes, con los controles especialmente apresurados y también algo más estrictos que algunos policías llevan a cabo con los gitanos, con la burla explícita en la calle o la humillación implícita en la ley que afecta a las personas trans, con las murmuraciones acerca de un «*lobby* gay» o con cierta crítica dirigida contra Israel basada en el argumento de «a ver si ahora uno no va a poder decir lo que piensa». Esta poderosa amalgama de prácticas y hábitos, bromas y frases hechas, pequeñas maldades o gruesos improperios que parecen dichos como de pasada y, por tanto, inocentes, es lo que va destruyendo a toda persona que esté obligada a sufrirla.

Esto no es odio. Tampoco es un tipo de violencia física. Ninguno de los que así se comportan considera que tiene algo en común con los que salen a la calle para expresar su desprecio a gritos. Pero la tolerancia tácita o el apoyo clandestino contribuyen a aumentar el poderoso espacio en el que quienes no se ajustan a la norma se sienten inseguros, aislados y rechazados. Así surgen zonas inhabitables e inaccesibles para muchos: todos aquellos lugares donde quienes aman de forma diferente, profesan otras creencias o tienen otro aspecto se vuelven invisibles y pasan inadvertidos, como si no fuesen seres de carne y hueso, como si no tuviesen sombra. Allí donde los que no se ajustan a la norma son pisoteados, donde nadie los ayuda a levantarse, donde todo el que es ligeramente distinto acaba convertido en un monstruo, en todos esos lugares se pone de manifiesto un *odio* cómplice.

Hay, por cierto, un segundo vídeo. Este se grabó más adelante y lo filmó uno de los refugiados. Solo se ve un fragmento en el centro de la imagen, los márgenes izquierdo y derecho están desenfocados. El vídeo muestra los efectos del odio, lo que genera en aquellos contra quienes se dirige. Uno de los refugiados del autobús, una mujer con velo, se encuentra sentada en el suelo, gritando y llorando. Una y otra vez se golpea las rodillas con las manos. Junto a ella está agachada otra joven que intenta tranquilizarla. No hay manera. Es imposible seguir reprimiendo todo ese miedo y todo ese desánimo, tanto el que traían como el que han adquirido. Es un llanto desgarrador, descontrolado, incontenible.

La cámara da un giro y se ve una habitación sencilla que parece pertenecer al centro de acogida al que los refugiados fueron conducidos finalmente[31]. Ahora están ahí sentados, en el suelo o en varias sillas colocadas alrededor de una mesa, agotados, apoyados en la pared o unos contra otros, todavía conmocionados al comprobar que la larga huida sigue sin alejarlos del radio de violencia, que todavía no han llegado a un sitio donde poder descansar, relajarse y vivir al fin sin miedo. En estas imágenes no hablan, solo la mujer expresa su desesperación en forma de llanto.

Desconocemos los detalles de lo que les ha ocurrido a ella y a los demás ocupantes del autobús en sus países de origen. Apenas llegamos a intuir hasta qué punto han sufrido la guerra y la persecución en Líbano, Irak, Afganistán o Siria. Este vídeo no explica nada sobre el motivo de su huida, sobre las personas que dejan atrás ni sobre las escenas de terror que aparecerán cada noche en su cabeza. Pero todos los que hayan visto este vídeo y sean capaces de percibir algo más que su propia proyección monstruosa son conscientes del carácter vergonzoso de lo que estos refugiados han vivido aquí.

No obstante, también hay otra historia que contar sobre Clausnitz. Trata de otras personas, distintas a las que se definían como «pueblo». Ellas no forman parte de ese «nosotros» constituido por el odio y el griterío; por eso precisamente se les ha prestado menos atención. A su alrededor no se ha formado ningún foro, a ellos nadie los ha aplaudido, pero también forman parte de Clausnitz. Si se quiere oír su historia hay que ir a buscarla, pues su voz es más baja que la de los que odian. Uno de estos habitantes menos ruidosos de Clausnitz es Daniela (que solo quiere dar su nombre de pila). Casi se muestra sorprendida de que alguien manifieste interés por conocer su punto de vista. Tras intercambiar varios correos electrónicos, Daniela acepta mantener una larga conversación telefónica en la que describe cómo vivió aquella noche en Clausnitz.

Un día antes, algunos miembros de Netzwerk Asyl, la red local para acoger a migrantes, habían estado pensando cuál sería la mejor forma de dar la bienvenida a los recién llegados. Según cuenta Daniela, se preguntaron qué podrían decir y cómo podrían recibir a los refugiados. A modo de detalle de bienvenida, llevaron algo de fruta al centro y prepararon unas breves palabras. Junto al resto de voluntarios, Daniela observó lo que sucedía desde el interior del edificio al que debían llegar los refugiados. Allí estaban seguros. También Daniela y sus compañeros habían sido objeto de ataques verbales. Cuenta que, ese mismo día, a una mujer miembro de la red la amenazaron con incendiar su casa.

Daniela ve cómo cada vez son más los que se reúnen en la calle para protestar. Ella no se suma, pero los conoce. Decide guardar la distancia. Son vecinos de Clausnitz. También padres de familia. Algunos han traído a sus hijos, como si el acoso a inmigrantes fuese algo que los niños deberían vivir desde pequeños. Daniela permanece en el edificio cuando aparece un tractor y corta el paso, a unos 50 metros del centro de acogida. Enseguida se da cuenta de lo que la policía sajona, aparentemente, tardó tanto en reconocer: «Aquello no tenía buena pinta. No sabíamos qué hacer. Pero una cosa parecía clara: estaban tramando algo». Cuando el autobús finalmente llega, cuando la situación empieza a complicarse, cuando el grupo que rodea el autobús es cada vez más numeroso, Daniela no ve a ningún «profesional del robo y del hurto», no ve a ningún «invasor», a ningún «extranjero» que vaya a agredir a «nuestras mujeres». Lo que ve son personas amenazadas. «Pude reconocer el miedo en su cara. Los refugiados me dieron muchísima pena.»

En una reunión celebrada en el polideportivo de Clausnitz ya se había debatido en enero sobre la acogida de refugiados. Algunos vecinos habían expresado el miedo a que los hombres extranjeros pudieran agredir a las mujeres y a las niñas de la localidad. Pero ¿qué pasaría si los refugiados que hubiera que acoger en Clausnitz fuesen mujeres y niños?, objetó alguien. Bueno, eso sería otra cosa. Daniela recuerda la escena cuando llega el autobús con las mujeres y los niños, y esa distinción ya no es relevante. El odio anula todo tipo de pudor. No admite ningún matiz, ninguna precisión, ya no son individuos. Quienes observan la escena desde fuera son incapaces de comprender por qué la policía no contuvo a los manifestantes, por qué no desalojó la zona.

En vista de la situación, todo lo que Daniela y los otros tenían pensado decir se volvió completamente banal. «La primera mujer a la que al fin logré atender no podía más, no podía caminar. Lloraba y gritaba. Perdió el conocimiento. Tuvimos que cogerla en brazos y llevarla a su habitación.» Daniela permaneció a su lado. Durante horas. Habló con ella, aunque no tuvieran una lengua común. No fue hasta poco antes de medianoche cuando se marchó a su casa. Dejó allí la fruta. ¿Qué ocurrió a los que odiaban delante del autobús? Según cuenta Daniela, en cuanto los refugiados estuvieron dentro del edificio, volvió la calma. Una calma absoluta.

Clausnitz solo es *un* ejemplo del odio y de los esquemas de percepción que lo alimentan y lo conforman, transformando a las personas en seres invisibles y monstruosos. En Clausnitz fue un autobús de refugiados. En otras ciudades y otras regiones los afectados son personas con otro color de piel, otra orientación sexual, otra religión, un cuerpo no definido, mujeres jóvenes o mayores, personas con kipá o velo, personas sin hogar o sin pasaporte, lo que en cada momento se convierta en objeto de odio. Son víctimas del acoso, como en este caso, o bien seres criminalizados, estigmatizados o expulsados, atacados o heridos.

Agredidos de una u otra manera. Pero el alcance de la agresión depende de que otras personas los ayuden. «El furor se desahoga sobre quien aparece como indefenso», escriben Horkheimer y Adorno. Esto exige a las instituciones del Estado, a la policía y a las autoridades judiciales que actúen contra quienes, con su odio y su violencia, ocupan el espacio público y lo transforman en zonas donde impera el miedo. Pero también nos exige a todos que estemos siempre alerta para detectar cuándo alguien corre el riesgo de hundirse en el cieno de la humillación y del menosprecio, donde las olas del agravio y del odio crecen, y cuándo un solo gesto, de rechazo o de aprobación, basta para que el suelo que todos pisan vuelva a ser firme.

Odio y menosprecio

Segunda parte: racismo institucional (Staten Island)

*Yo quería simplemente ser un hombre entre otros
hombres. Hubiera querido llegar igual y joven
a un mundo nuestro y edificar juntos.*
Frantz Fanon, *Piel negra, máscaras blancas*

¿Qué es lo que ven? ¿Qué ven distinto de lo que veo yo? En la versión sin cortes disponible en Youtube, el vídeo dura once minutos y nueve segundos[32]. En él se ve al afroamericano Eric Garner, es pleno día y está parado en la acera, ante una tienda de productos de belleza. Viste una camiseta gris, unas bermudas beige y zapatillas de deporte. Está hablando con dos policías blancos que lo flanquean vestidos de paisano y con sendas gorras de visera bien caladas: son Justin D. y Daniel P.[33] D. muestra a Garner su identificación y le ordena que haga algo que no se llega a entender. «Get away? For what?» [¿Irme? ¿Por qué?], Garner extiende los brazos. No se ve ningún arma, nada. No agrede a los policías. De hecho, no se mueve del sitio mientras habla. Tampoco hace el más mínimo ademán de salir corriendo. El gesto de abrir los brazos es inequívoco. Eric Garner no entiende por qué los policías lo incordian: «No he hecho nada». La respuesta de D., el agente situado a la derecha de la imagen, no se llega a oír bien, pero al parecer Garner es sospechoso de vender *loosies* (cigarrillos sueltos libres de impuestos). Eric Garner se lleva las manos a la cara. «Siempre que me veis me molestáis. Estoy harto.» Luego se niega a que lo cacheen, ya que no entiende el motivo del registro ni la acusación de los agentes. «Se acabó [...]. Todo el que está aquí puede deciros que no he hecho nada.»[34]

«Todo el que está aquí» alude a los que observan la escena. Y, de hecho, algunos transeúntes no implicados directamente deciden intervenir. No se limitan a mirar, como en Clausnitz, sino que pasan a la acción. Quizás porque *sí se sienten implicados.* Tal vez porque saben que podría pasarles lo mismo. Cualquier día. Solo porque su color de piel no es el blanco. En primer lugar está el puertorriqueño que graba la escena con su teléfono móvil, Ramsey Orta. Su voz en *off* se oye cada poco tiempo. Comenta lo que está grabando, habla en parte a la cámara y en parte a otros transeúntes. Nada más comenzar se oye cómo él mismo da la razón a Eric Garner: «No ha hecho nada». Acto seguido, uno de los policías trata de ahuyentar a un testigo tan molesto, pero Orta se identifica como residente y permanece en el sitio. Sigue grabando, aunque al agente no le guste. Los policías no quieren que los graben teniendo en cuenta lo que está ocurriendo; sin embargo, no les molesta lo suficiente como para olvidarse de Eric Garner. Tal vez crean que tienen razón. O quizás simplemente sepan que, la mayoría de las veces, la razón se les da después. Hay otra testigo que también interviene. En el vídeo se ve a una mujer negra que se acerca con un bloc y pide a los policías que se identifiquen. Pero tampoco eso impedirá que los agentes hagan lo que viene a continuación.

Eric Garner discute con el agente D. durante varios minutos. Garner le explica que él únicamente había mediado en una disputa. Nada más. Una y otra vez, Garner insiste en que no ha hecho nada. Una y otra vez se oye la voz en *off* que confirma su versión. Al cabo de un rato, al fondo de la imagen se ve cómo el otro policía, Daniel P., parece pedir refuerzos por radio. ¿Por qué razón? Eric Garner es bastante grande y corpulento, pero no está amenazando a nadie. En esa situación, esa persona no supone ningún peligro. Y, sobre todo: sigue sin estar claro cuál es el delito que ha cometido. No se entiende por qué van a detenerlo. ¿Quizás porque no ha podido identificarse? ¿Porque se niega a que lo registren? ¿Qué están viendo los agentes? ¿Por qué no dejan tranquilo a ese señor tan grande que parece algo torpe? Aunque en el pasado haya llamado la atención por vender *loosies*, esa tarde de julio de 2014, delante del Bay Salon de Tompkinsville, en Staten Island, no hay ningún indicio de que esté vendiendo cigarrillos ilegalmente. No lleva bolsa, tampoco una mochila en la que pueda guardar la mercancía. ¿Qué es lo que ven?

En estas imágenes no hay muestras de rabia ni de agresión. Nada apunta a una escalada de violencia. Garner parece más desesperado que rabioso. Los dos musculosos agentes tampoco se muestran especialmente alterados. Deben estar entrenados para ese tipo de situaciones. Son dos y en cualquier momento pueden pedir refuerzos. El hombre de las bermudas no los está amenazando. Pasados más de cuatro minutos de conversación, Justin D. saca rápidamente las esposas que lleva enganchadas a la cintura. Él y P. se acercan a la vez, uno por delante y otro por detrás; Eric Garner suplica: «¡No me toquéis!» e intenta esquivarlos cuando P. se dispone a agarrarlo por detrás. No quiere que lo detengan[35]. Tal vez esto se interprete como un acto de resistencia a la autoridad, pero Garner no golpea a ninguno de los policías. No los ataca. Levanta las manos cuando el agente que está a sus espaldas lo agarra por el cuello y lo inmoviliza con una llave de estrangulamiento. Llegan otros dos policías y, entre los cuatro, empujan y tiran al suelo a Eric Garner, que en un primer momento se queda a cuatro patas. P. sigue rodeándolo por detrás. Está echado encima de Garner y continúa agarrándolo por el cuello. ¿Qué es lo que ven?

En una obra clásica de la teoría postcolonial, titulada *Piel negra, máscaras blancas*, el psiquiatra, político y escritor francés Frantz Fanon describe en 1952 la mirada blanca sobre un cuerpo negro: «El n. es una bestia, el n. es malo, el n. tiene malas intenciones, el n. es feo, mira, un n., hace frío, el n. tiembla, el n. tiembla porque hace frío, el niño tiembla porque tiene miedo del n., el n. tiembla de frío, ese frío que os retuerce los huesos, el guapo niño tiembla porque cree que el n. tiembla de rabia, el niñito blanco se arroja a los brazos de su madre, mamá, el n. me va a comer»[36]. Según Fanon, cuando un cuerpo negro tiembla, un niño blanco al que le han enseñado a tener miedo de ese cuerpo no lo ve como un signo de que esa persona tiene frío, sino solo como un síntoma de rabia. Un niño blanco, según Fanon, crece con cadenas asociativas que relacionan un cuerpo negro con un animal, con algo imprevisible, salvaje, peligroso; ve ese cuerpo y, automáticamente, piensa en calificativos como «malo», «malvado», «feo»; enseguida piensa: «Me va a comer».

La percepción —el campo visible—, no es neutral, sino que está predeterminada por esquemas históricos que solo registran o toman nota de lo que encaja en ellos. En una sociedad en la que el temblor de un cuerpo negro se sigue interpretando como una expresión de rabia, en la que niños (y adultos) blancos siguen siendo educados para ver a los negros como algo que hay que temer o que evitar, Eric Garner (o Michael Brown, Sandra Bland, Tamir Rice) y todas las demás víctimas de la violencia policial blanca son *vistas* como una amenaza por más que no representen ningún peligro. Dado que varias generaciones han sido educadas en esta forma de mirar, no es necesario que el miedo sea siquiera real para abusar de un cuerpo negro. Hace tiempo que el miedo se transformó, pero quedó grabado como rasgo identitario en el autoconcepto de la Policía como institución. El esquema racista según el cual todo cuerpo negro tiene algo de amenazador se traduce en la actitud de los policías blancos, que se consideran en la obligación de proteger a la sociedad de ese peligro imaginario. Individualmente no necesitan sentir un odio ni un miedo agudos para limitar los derechos de las personas negras. Así, un cuerpo negro se sigue viendo como una amenaza, aun cuando esté indefenso y medio muerto[37].

Garner está tirado en el suelo, de lado, bajo un revoltijo de policías, con el brazo izquierdo doblado hacia la espalda y el derecho estirado sobre la acera. El agente sigue agarrándolo por el cuello. Todos a una logran poner a Garner, que está indefenso, bocabajo. ¿Qué es lo que ven? «I can't breathe», «No puedo respirar», han transcurrido 4:51 minutos de vídeo cuando Eric Garner dice estas palabras por primera vez, «I can't breathe», una segunda vez, es el minuto 4:54, en la imagen se ve a cinco agentes maltratando a ese cuerpo negro. No paran. Aunque tienen que estar oyendo la llamada de auxilio de Garner. El policía que lo ha tirado al suelo haciéndole una llave se pone ahora de rodillas y empuja la cabeza de Garner con ambas manos contra la acera: «I can't breathe», 4:56, Garner lo dice cada dos segundos, 4:58, «I can't breathe», «I can't breathe», «I can't breathe», «I can't breathe», once veces gime Eric Garner, que es asmático, advirtiendo de que no puede respirar. Después, ya no se oye nada.

Un policía se sitúa delante de la cámara y tapa la escena. La voz en *off* dice: «De nuevo la policía da una paliza a la persona equivocada». Cuando se vuelve a ver toda la imagen, Eric Garner está tirado en el suelo y siguen siendo varios los agentes inclinados sobre (y alrededor de) su cuerpo inmóvil. La voz en *off* dice: «Lo único que ha hecho ha sido mediar en una discusión, y esto es lo que ha pasado». Al cabo de un minuto, Eric Garner continúa en el mismo sitio. Por decirlo de una manera clara: hay *un ser humano* tirado en el suelo. Inconsciente. Pero a nadie se le ocurre quitar las esposas a una persona indefensa. Nadie intenta practicarle una maniobra de reanimación. Los policías que rodean el cuerpo sin vida se limitan a levantarlo y vuelven a dejarlo en el suelo. Como si fuese un objeto. No les preocupa esa persona, es evidente que no lo ven como tal. Tampoco parecen alterados ni confusos por lo que han hecho. Como si el estado en el que se encuentra Eric Garner, provocado por su propia violencia, fuese el mejor para un cuerpo negro.

«Es tan sencillo pasar por alto el dolor del otro —escribe Elaine Scarry en "Das schwierige Bild des Anderen" [La difícil imagen del otro]— que hasta somos capaces de infligir o aumentar ese dolor sin que nos afecte.»[38]

Lo único que permite soportar este vídeo es la voz del testigo. Él no puede evitar un suceso tan terrible, pero no aparta la mirada, sino que observa lo que ocurre. Es una contraopinión púbica, *otra manera de mirar* que sitúa e interpreta lo ocurrido de otra forma. Sus comentarios complementan lo sucedido con una perspectiva crítica. El testigo describe lo que él ve: un hombre indefenso que es atacado por la policía sin motivo. «They didn't run and get the n… that was fightin', they get the n… that broke it up» [No fueron a detener a los n... que se estaban peleando, detuvieron al n… que interrumpió la pelea]. Ramsey Orta, el testigo que está grabando, es conminado una y otra vez a abandonar el lugar; finalmente cambia de sitio y sigue filmando un plano frontal de la entrada del Bay Beauty Supply, donde está tirado Eric Garner. Después el vídeo se interrumpe brevemente. No es posible decir cuánto tiempo ha transcurrido. El cronómetro muestra el minuto ocho cuando, por fin, una agente se acerca al cuerpo inconsciente de Eric Garner y parece tomarle el pulso. Al cabo de otros dos minutos en los que no sucede nada de utilidad, en los que nadie practica un masaje cardiaco ni toma cualquier otra medida de auxilio, aparece el policía que ha hecho la llave a Eric Garner: Daniel P. Parece caminar de arriba abajo, sin rumbo. El testigo que está grabando lo interpela: «Don't lie, man... I was here watching the whole shit» [No mientas, hombre. Yo estaba aquí viéndolo todo]. El policía se dirige hacia él y hace un gesto de rechazo con la mano, como si diese igual lo que el testigo haya visto, como si lo único que contara fuese la mirada de un policía blanco, y dice: «Yeah, you know everything» [Sí, claro, tú eres muy listo]. En ese «you» resuena el desprecio de una instancia de poder segura de que ese «you» nunca tendrá el mismo valor; en ese «you» resuena la certeza de que dará igual lo que ese testigo haya visto, porque a un policía blanco siempre se le creerá antes que a un testigo civil puertorriqueño.

Hay un segundo vídeo. Rodado desde otra perspectiva. Al parecer se grabó desde el Bay Beauty Supply y a través de la puerta de entrada, que estaba abierta. Este vídeo empieza mucho después. Eric Garner ya está en el suelo, inmóvil. A su alrededor se ve a los agentes de las patrullas de refuerzo golpeando ligeramente el pesado cuerpo, primero le dan la vuelta y luego le toman el pulso a la altura del cuello. Uno de los policías registra el bolsillo trasero del pantalón de Eric Garner, pero nadie se molesta en reanimar a la persona que está inconsciente. Ahora la voz en *off* es la de una mujer: «El NYPD [Departamento de Policía de Nueva York, por sus siglas en inglés] acosa a la gente[…] él no ha hecho nada en absoluto[…] no van a llamar a una ambulancia[…]». Transcurren varios minutos sin que nadie preste ayuda. Parece como si nadie hubiese quitado las esposas a Eric Garner. Uno de los policías saca un teléfono móvil del bolsillo del pantalón de Garner y se lo entrega a un compañero. Al cabo de casi cuatro minutos se ve a otra agente inclinada sobre el cuerpo de Garner mientras lo observa. Le toma el pulso, de pie, le dirige unas palabras, nada más. Todavía pasan varios minutos antes de que llegue una ambulancia. Eric Garner es depositado en una camilla, la cámara se mueve ligeramente hacia un lado y capta al policía Daniel P. Al darse cuenta de que lo están grabando, P. saluda a la cámara.

Eric Garner murió de camino al hospital a causa de una insuficiencia cardiaca. Tenía 43 años. Dejó una esposa, seis hijos y tres nietos. El posterior análisis forense dictaminará como causa de la muerte «estrangulamiento», «opresión torácica», «opresión de la nuca»…, y certificará un delito de homicidio («homicide»)[39].

«¡Miedo! ¡Miedo! Resulta que me temen —escribe Frantz Fanon—. Quise divertirme hasta la asfixia, pero aquello se había hecho imposible.»[40]

Aunque así lo parezca en esta escena, el estrangulamiento que mató a Eric Garner no fue espontáneo.

Esta llave tiene una larga historia. Solo en Los Ángeles, entre 1975 y 1983, dieciséis personas fueron víctimas de esta técnica. Veinte años antes que Eric Garner, Anthony Baez, un hombre de 29 años residente en el Bronx, en Nueva York, que sufría igualmente de asma crónica, también falleció como consecuencia de la misma técnica practicada por un policía[41]. En este caso, el detonante no fue la supuesta venta ilegal de cigarrillos, sino estar jugando con un balón que —por un descuido (tal y como certificó la policía)— golpeó contra un coche patrulla que estaba aparcado. La llave que provocó la muerte a Garner está ilegalizada desde hace tiempo: ya en 1993 el Departamento de Policía de Nueva York prohibió su uso. A pesar de ello, y tras dos meses de instrucción, el gran jurado que debía pronunciarse sobre las circunstancias que rodearon la muerte de Eric Garner y el comportamiento del oficial Daniel P. estimó que no había indicios razonables para un procesamiento.

«No hay nada extraordinariamente maligno en esos destructores, ni siquiera en el momento presente. Los destructores no son más que hombres que garantizan el cumplimiento de los caprichos de nuestro país, interpretando su herencia y su legado», escribe Ta-Nehisi Coates en *Entre el mundo y yo*[42]. No se necesita siquiera maldad. Según Coates, basta con la certeza de poseer una herencia según la cual los negros siempre han podido ser humillados, despreciados o maltratados impunemente. Basta con esa idea heredada del miedo que asocia los cuerpos negros con el peligro y que, por tanto, permite legitimar desde siempre cualquier tipo de violencia contra ellos. Si se parte de esta mirada asimilada a lo largo de la historia, cualquier indicio concreto y objetivo de la indefensión o la inocencia de Eric Garner, Sandra Bland o los fieles de la Iglesia Metodista Episcopal Africana Emanuel de Charleston queda anulado. En el contexto de esta herencia, la paranoia blanca ha estado legitimada desde siempre.

El estrangulamiento que mató a Eric Garner fue obra de un solo individuo, ya que fue únicamente Daniel P. quien lo ejecutó en esa ocasión, pero se inscribe en la historia de la violencia ejercida por policías blancos contra los afroamericanos, que recientemente ha sido denunciada por el movimiento *#blacklivesmatter*. El miedo a la violencia blanca forma parte de la experiencia colectiva de afroamericanos y afroamericanas, de la herencia de la esclavitud. Es una paradoja desalentadora: el miedo racista a un cuerpo negro se reconoce y se reproduce socialmente, mientras que el miedo justificado de los negros —que se ven así estigmatizados— a la violencia policial blanca se sitúa en el ángulo muerto de ese mismo racismo. «No es necesario creer que el policía que estranguló a Eric Garner salió aquel día de su casa para destruir un cuerpo. Lo único que debes entender es que el policía lleva consigo el poder del Estado estadounidense y también el peso de un legado estadounidense —escribe Ta-Nehisi Coates— y que ese poder y ese legado necesitan que, de los cuerpos que se destruyen todos los años, una cantidad enorme y desorbitada de ellos sean negros.»[43]

Constatar que la discriminación o el racismo institucionales existen no significa atribuir un comportamiento incorrecto a todos y cada uno de los agentes. Es obvio que muchos policías reniegan y están alejados de todo tipo de discriminación y violencia contra los negros. Por supuesto que hay muchos policías comprometidos que se rebelan contra el lastre histórico del racismo. Y también hay autoridades que, a escala regional, se esfuerzan por llegar a la población negra local y tratan de generar un clima de confianza y de poner coto a la violencia[44]. Sin embargo, ambas cosas por desgracia se cumplen: son muchos los agentes de policía íntegros a título personal, pero también existe un racismo infiltrado en la institución y en su autoconcepto que ve un peligro más probable en los cuerpos negros que en los blancos. La policía refleja, a su manera, una división de la sociedad que forma parte de las experiencias cotidianas que tienen las personas negras en Estados Unidos.

Los afroamericanos y las afroamericanas siguen creciendo con la «contradicción» artificiosa de ser negros y estadounidenses. Los negros en teoría pertenecen a la sociedad estadounidense, pero siempre se quedan fuera[45]. Las cifras siguen documentando la existencia de una brecha social en Estados Unidos y de la discriminación de los negros. Según una estadística de la organización para la defensa de los derechos civiles NAACP, de los 2,3 millones de presos encerrados en las cárceles estadounidenses un millón son afroamericanos. Estos son condenados a penas de prisión con una frecuencia seis veces superior a la de los blancos. Según un estudio de la organización Sentencing Project, la duración media de la pena de cárcel a la que son condenados los afroamericanos por un delito de drogas (58,7 meses) equivale aproximadamente a la que se impone a los blancos que han cometido un delito violento (61,7 meses). Entre 1980 y 2013, más de 260.000 afroamericanos fueron asesinados en Estados Unidos. A título comparativo, en la guerra de Vietnam murieron 58.220 soldados estadounidenses.

Si uno es blanco, quizás tenga dificultad para imaginar lo que esta experiencia de desprecio estructural supone: ¿por qué —pensará un blanco— habría que controlar a los negros si no han hecho nada malo? ¿Por qué —se preguntará un blanco— tendrían que arrestar a los negros sin motivo; por qué habría que golpearlos si no han amenazado con cometer un acto violento; por qué habría que condenarlos a penas de prisión más largas si son culpables de los mismos delitos que los blancos? ¿Por qué —se preguntará quien no vive casos de injusticia a diario— habrían de cometerse injusticias en el mundo?

Quien se ajusta a la norma puede caer en el error de creer que la norma no existe. Quien se asemeja a la mayoría puede caer en el error de creer que la identificación con esa mayoría que dicta la norma no tiene importancia. Quien se ajusta a la norma tal vez no se percate de cómo esta excluye o denigra a otros. Quien se ajusta a la norma a menudo es incapaz de imaginar sus efectos, ya que la aceptación de lo propio se da por supuesta. Pero los derechos humanos se aplican a todos. No solo a quienes son iguales a nosotros. Así, es necesario permanecer atentos para detectar qué tipo de desviaciones, qué formas de otredad se definen como relevantes y, por tanto, son susceptibles de participar en la sociedad y merecer respeto y reconocimiento. Así, debemos prestar atención cuando quienes no se ajustan a la norma cuentan cómo se sienten en su día a día al ser excluidos y despreciados, y es importante ponerse en su situación, aun cuando nunca nos haya sucedido lo mismo en primera persona.

Quien haya sido objeto por primera vez de un control policial sin motivo aparente quizás se haya sentido incómodo, pero lo habrá asumido sin que le haya supuesto mayor disgusto. Ahora bien, aquel a quien registran una y otra vez sin razón, quien una y otra vez debe identificarse, quien una y otra vez debe soportar que lo cacheen, para esa persona, una incomodidad puntual se convierte en una molestia sistemática. Esto no solo tiene que ver con determinadas experiencias de racismo institucional o de violencia policial, sino también con faltas de respeto más sutiles y que tienen lugar a menor escala. En una rueda de prensa con motivo del asesinato del joven negro Trayvon Martin, Barack Obama mencionó este tipo de agravios cotidianos. Obama habló de sí mismo y, a su vez, de la experiencia de todos los afroamericanos y afroamericanas que, en el supermercado, son observados a diario y de entrada como si fuesen ladrones, a los que deniegan un crédito para abrir un negocio, a los que en la calle tienen que oír el ruido repentino del cierre centralizado de un vehículo, única y exclusivamente porque son percibidos como un peligro, una amenaza, un otro monstruoso.

Otra de estas faltas de respeto que pasan fácilmente inadvertidas a quien no está obligado a vivirlas a diario es el hecho de ser confundido con otra persona. No con una persona cualquiera que, en efecto, se nos parezca, sino con alguien que, sencillamente, tiene el mismo color de piel, como si todos los negros tuviesen el mismo aspecto. Yo misma he vivido esta experiencia, aunque no en relación con personas negras. Una vez, en un seminario que impartía como docente en Estados Unidos, tuve a tres estudiantes estadounidenses de origen asiático. No se parecían en nada. Cuando estaban sentadas frente a mí distinguirlas era sencillo, resultaba obvio. Sin embargo, durante la primera semana del curso, cuando una de ellas vino a verme en horario de tutorías, fui incapaz de saber cuál de las tres era. Creo haber logrado que ella no me lo notara, pero fue muy embarazoso. Confío en que todo fuese fruto de mi inexperiencia. Más adelante, una amiga germanonipona que tengo en Berlín me tranquilizó al explicarme que algunas personas asiáticas tienen el mismo problema con caras como la mía. Tal vez no sea reprobable tener ciertas dificultades iniciales con nombres o rostros que no nos resulten tan familiares. Pero lo que sí me parece reprobable es que esto no dé pie a reflexionar y a esforzarse por conocer mejor esos nombres y esos rostros y, con ellos, a esas personas como individuos. Para quienes son «confundidos», esta experiencia no ya puntual, sino repetida, queda grabada no como mero desconocimiento, sino como una forma de desprecio. Como si no contaran como individuos[46].

Vivir con frecuencia humillaciones de este tipo genera, con el tiempo, una forma de melancolía que conocen todos los que, de algún modo, se mueven en un esquema trazado entre lo invisible y lo monstruoso. Cada día o cada semana, en un encuentro casual en la calle, en un bar, durante una conversación con conocidos o desconocidos, el hecho de tener que justificarse una y otra vez, que rebelarse contra falsas suposiciones, contra muestras de resentimiento y estigmatización no solo deja sin fuerzas, sino que también resulta perturbador. Ser agredido permanentemente a través de términos y leyes con una determinada carga ideológica, mediante determinados gestos y convicciones no solo es motivo de irritación, sino que también puede resultar paralizante. La continua exposición al odio hace que los afectados con frecuencia enmudezcan. Todo el que es tildado de pervertido o peligroso, inferior o enfermo, quien debe justificarse por su color de piel, su orientación sexual, sus propias creencias o simplemente por llevar algo en la cabeza pierde con frecuencia la legitimidad para hablar libre y abiertamente[47].

A esto se suma un momento de vergüenza que tendemos a pasar por alto. Es desagradable que *uno mismo* tenga que señalar cuándo y cómo determinadas palabras o gestos, prácticas y convicciones lo agreden y lo excluyen. Al menos a mí me ocurre. En mi fuero interno deseo que *todos* se percaten de la injusticia, aunque no se vean directamente afectados. Esto forma parte de la expectativa moral que he generado respecto a otros o, tal vez dicho de un modo más suave, de la confianza que tengo en la propia sociedad: espero que no solo se rebelen las víctimas del desprecio o de la humillación, no, que no solo ellas lo perciban como una agresión, sino que lo hagamos *todos*. En este sentido produce una extraña decepción esperar que otros intervengan… y que no ocurra nada.

Por este motivo, siempre cuesta cierto esfuerzo sobreponerse (no solo al miedo, sino también a la vergüenza) y hablar en primera persona. Toda reivindicación, toda réplica implica rebajarse previamente y mencionar que uno ha sido agredido. Hannah Arendt escribió en una ocasión: «Una persona solo se puede defender como aquello por lo que es atacada». En su caso se refería a reaccionar como judía si era atacada por esa misma condición. Pero esto también significa preguntarse siempre en calidad de qué ha sido uno atacado y ponerse en relación con el que habla. ¿Como alguien invisible y monstruoso para los demás? ¿Como alguien cuya vida cotidiana se ve limitada y perjudicada por determinados gestos y lenguajes, por determinadas leyes y costumbres? ¿Como quien no está dispuesto a seguir tolerando estos esquemas de percepción, estas interpretaciones, este odio?

Todo esto resulta especialmente doloroso por un motivo: creer que la profunda melancolía que produce el hecho de ser despreciado no se debe mostrar. Quien expresa su malestar por la agresión sufrida, quien se niega a seguir reprimiendo la tristeza que le genera que se repitan siempre las mismas formas de exclusión, a menudo es acusado de estar «indignado» (la descripción «angry black man» [hombre negro indignado] y «angry black woman» [mujer negra indignada] forman parte de una estilización mediante la cual la desesperanza de los débiles se interpreta como un enfado sin motivo aparente), de «no tener sentido del humor» (este es uno de los reproches más habituales dirigidos contra las feministas o las mujeres lesbianas) o de querer «sacar provecho» de una historia atroz (referido a judíos y judías). Todas estas etiquetas denigrantes sirven, ante todo, para sustraer a las víctimas del desprecio estructural la posibilidad de oponer resistencia. De este modo, se les asigna de entrada un calificativo que dificulta que ellas mismas se pronuncien.

Quien nunca ha sufrido una humillación, quien nunca ha tenido que rebelarse frente al desprecio social, quien no reconoce su lugar en el esquema que se extiende entre lo invisible y lo monstruoso, es incapaz de imaginar lo difícil que resulta, en el momento del acoso o de la agresión, tener además que mostrarse *alegre* y *agradecido* con tal de no merecer calificativos como «indignado», «sin sentido del humor» o «codicioso». La expectativa implícita de tener que reaccionar «con calma» ante el acoso y el desprecio sistemáticos supone una presión adicional, pues se asume que no hay motivo para sentirse molesto o indignado.

Probablemente esta sea la razón por la cual, para mí, el momento más emotivo y más amargo del vídeo de Eric Garner no es aquel en el que se pronuncia la frase «I can't breathe», tantas veces citada. El momento más impresionante es, en mi opinión, aquel en el que Eric Garner, antes de que los agentes lo agredan, dice: «It stops today». Es la desesperación que se escucha en su voz. «Se acabó»; ahí está hablando alguien que, sencillamente, no aguanta más ser registrado y detenido de continuo, alguien que ya no quiere aceptar el papel que representa en una obra injusta, el de un negro que debe aceptar con calma un desprecio y una humillación permanentes. «Se acabó» también alude a esa mirada que te vuelve invisible o monstruoso, que hace que personas como el chico del metro «pasen inadvertidas» y acaben por los suelos o que personas como Eric Garner sean consideradas un peligro cuando ya está tumbado, esposado e inconsciente.

Tal vez este momento también me emocione tanto porque me deja claro cómo deseo que Eric Garner sea recordado: no solo como un cuerpo inmóvil tumbado en el suelo bajo un revoltijo de policías, no como el que gime «I can't breathe» antes de morir, sino como el que dice «I'm tired of it. It stops today» [Estoy harto. Se acabó], el que opone resistencia, el que quiere interrumpir la larga historia del miedo negro a la violencia policial blanca. En la exclamación «I can't breathe» resuenan el dolor y la angustia mortal, y probablemente esta sea la razón por la cual esa frase ha acabado imponiéndose como lema en las campañas estadounidenses. Esas palabras sirven para denunciar la violencia policial endémica. Ese «I can't breathe», que cualquiera de los policías pudo oír, certifica su indiferencia: que un negro se quede sin aire o que pueda morir parece darles igual. Este tipo de indiferencia solo se la puede permitir quien sabe que no va a recibir ningún castigo serio.

Por el contrario, «It stops today» no solo se refiere a ese momento concreto de abuso, sino al odio secular que lleva tiempo atemperado e infiltrado en forma de prácticas institucionales de discriminación y exclusión racistas. «It stops today» también alude a la tolerancia social, a la aceptación cómoda de algo que, supuestamente, no es posible cambiar porque lleva siendo así desde hace mucho tiempo. Al decir «Se acabó», Eric Garner también está afirmando su dignidad subjetiva como individuo, como alguien que no está dispuesto a que le sigan arrebatando esa dignidad.

Y es precisamente esa dignidad lo que todos deberían defender: «Se acabó» este odio, esta violencia, en Staten Island o en Clausnitz. «Se acabó» la elevación populista de determinados afectos a la categoría de argumentos políticos, la retórica del «miedo» y la «preocupación» tras la que se camufla el puro racismo. «Se acabó» también ese discurso público según el cual cualquier tipo de confusión subjetiva, cualquier miseria interna y cualquier falsa creencia basada en una teoría de la conspiración se consideran intocables, auténticas y valiosas y, como tales, escapan a toda reflexión crítica y a cualquier forma de empatía. «Se acabó» esa disposición interna que lleva a que algunos «pasen inadvertidos» y terminen por los suelos sin que nadie los ayude a levantarse ni les pida disculpas.

II. Homogéneo-natural-puro

El hogar es el punto del que partimos. Vuélvese
más extraño el mundo a medida que envejecemos,
más complicada la trama de muertos y vivos.

T. S. ELIOT, *Cuatro cuartetos*

El Libro de los Jueces narra la vieja historia, todavía actual, de la exclusión del otro: «Galaad cortó a Efraím los vados del Jordán y cuando los fugitivos de Efraím decían: "Dejadme pasar", los hombres de Galaad preguntaban: "¿Eres efraimita?". Y si respondía: "No", le añadían: "Pues di Shibbólet". Pero él decía: "Sibbólet", porque no podía pronunciarlo así. Entonces le echaban mano y lo degollaban junto a los vados del Jordán. Perecieron en aquella ocasión 42.000 hombres de Efraím» (Libro de los Jueces 12, 5-6).

Es decir, una sola palabra, «sibbólet» o «schibboleth» (en hebreo, «espiga»), decide quién puede cruzar el umbral, quién pertenece al grupo y quién no. El *deseo* de pertenencia no es suficiente; no basta con renunciar al propio origen y adoptar una nueva patria. Esa afirmación debe ser demostrada. La palabra «sibbólet», que unos pueden pronunciar correctamente y otros no, esa capacidad o incapacidad aleatoria, decide quién es declarado amigo y quién no. Esa palabra es la consigna que separa el «nosotros» del «ellos», a los «nuestros» de los «extranjeros».

Según se relata en el Libro de los Jueces, para los efraimitas este cometido era tan existencial como irresoluble. Su salvoconducto para cruzar el río Jordán dependía de un nimio detalle: la diferencia fonemática entre *shi y si* en *sibbólet.* Aunque supiesen el santo y seña, eran incapaces de pronunciarlo correctamente. «Delataban su diferencia haciéndose indiferentes a la diferencia diacrítica entre *shi* y *si;* se marcaban por no poder re-marcar una marca codificada de esta forma.»[1] El criterio de pertenencia es, por tanto, algo que a unos les viene dado y a otros, no. Para los efraimitas no parece ser nada a lo que ellos se puedan adscribir. Nada de lo que puedan apropiarse o que puedan aprender. No hay más que *una* sola oportunidad y un cometido irresoluble. En esta vieja historia nada se dice sobre cuáles serían las demás características de un galaadita. Ni sobre sus creencias religiosas o culturales, ni sobre sus costumbres, prácticas o ritos; no se menciona nada que pudiera ser distintivo de su mundo y su comunidad. Tampoco se aducen los motivos por los que los efraimitas se deberían considerar inadecuados, no asimilables y hasta peligrosos. El rasgo distintivo que representa la palabra *sibbólet,* tan aleatorio como irremediable, hace que las personas puedan ser denigradas y agredidas no solo por pertenecer a los otros, sino también por ser el enemigo.

La vieja historia de *sibbólet* sigue estando vigente, pues habla de todos los métodos arbitrarios de los que las sociedades se sirven para rechazar y denostar tanto a individuos como a grupos. El relato es extrapolable a los mecanismos de un pensamiento antiliberal o fanático que inventa unas normas y códigos exclusivos, los cuales, supuestamente, definen la única fe correcta, la única pertenencia legítima a una cultura, a una nación o a un orden social y que, además, dotan a estas prescripciones de una legitimación para ejercer la violencia contra todo lo que sea distinto. Dichos códigos pueden variar, al igual que las consecuencias del aislamiento, pero las técnicas de inclusión y exclusión son similares. Lo que cambia son las normas, las líneas divisorias que se condensan en cada relato para separar el «nosotros» de los «otros», para limitar el reconocimiento social o cercenar los derechos civiles. Unas veces, estos *sibbólets* «solo» sirven para estigmatizar. Otras, llegan a justificar o a incitar a la violencia.

Ahora bien, la existencia de prácticas y creencias que caracterizan a una comunidad social o cultural no es ningún problema *per se*. Es obvio que todo grupo u organización de carácter privado tiene derecho a fijar unas normas de admisión. Del mismo modo, las comunidades religiosas establecen determinados rituales y dogmas que tienen por objeto subrayar su propia singularidad. Para unos esto consiste en respetar ciertos días de descanso; para otros, en cumplir con algunas normas relativas a la vestimenta; para otros, el ritual de la oración es tan elemental como dar limosna y ser caritativo; unos creen en el misterio de la Santísima Trinidad y otros, en la reencarnación. Es evidente que también estas prácticas o creencias trazan líneas divisorias entre aquellos que pertenecen (o quieren pertenecer) al grupo y aquellos que no pertenecen (o no quieren pertenecer).

Esto permite que los protestantes quieran y puedan distinguirse de los católicos, y los seguidores del Mahayana de los del Theravada, lo cual es completamente legítimo. Aunque a lo largo de la historia (y de las generaciones) se ha visto que todas estas distinciones son más controvertidas a título interno de lo que nos gusta reconocer, estas comunidades están potencialmente abiertas a todo el que se acerque. Inventan y transmiten narrativas que permiten cruzar el umbral de entrada y acceder desde otro lado. Además, de las diferencias con otras comunidades no se desprende automáticamente una legitimación de la violencia[2].

Lo que, en realidad, me interesa son esos relatos que inventan códigos sociales, culturales y corporales que, supuestamente, caracterizan a un Estado democrático, una nación o un orden social, pero que, al mismo tiempo, declaran «extraños» u «hostiles» a determinados individuos o grupos enteros y los excluyen de una comunidad de derecho. Me interesan las actuales dinámicas de radicalización de determinadas ideologías y concepciones del mundo, los motivos y términos recurrentes con los que algunos movimientos sociales y políticos tratan de justificar sus posturas, cada vez más fanáticas (y, en ocasiones, también sus actos violentos). Me interesan las estrategias empleadas para construir una nación, cultura o comunidad «auténtica» frente a la «no autenticidad» de los otros, que pueden ser denigrados o atacados.

«La diferencia se degrada en desigualdad; la igualdad, en identidad —escribe Tzvetan Todorov en *La conquista de América*—; esas son las dos grandes figuras de la relación con el otro, que dibujan su espacio inevitable.»[3]

Todorov describe con todo detalle este momento antiliberal: cómo las diferencias de aspecto, religiosas, sexuales o culturales que existen entre las personas no se reducen a eso, a *diferencias* entre personas o grupos, sino que de ellas se deriva una *desigualdad social o jurídica*. Cómo quienes apenas difieren lo más mínimo de uno mismo o de la mayoría constituida como norma no solo son percibidos como «distintos», sino que de pronto se consideran «inadecuados» y, por tanto, no tienen derecho a ser protegidos. Cómo lo único que cuenta dentro de una identidad es lo que sea exactamente igual y todo lo demás debe ser, en teoría, excluido y rechazado.

¿Cuáles son las constelaciones en las que, actualmente, se buscan diferencias casuales o innatas para vincularlas al reconocimiento social e incluso al reconocimiento de derechos humanos y civiles? ¿Qué ocurre cuando los movimientos sociales o las comunidades políticas de un Estado democrático desean establecer unos criterios de igualdad que solo cumple una *determinada* parte de los ciudadanos, por ejemplo, personas con un cuerpo predefinido, unas creencias o una forma de amar o de hablar concretas? ¿Y qué sucede cuando estos criterios sirven para decidir a quién se otorgan plenos derechos humanos o civiles y quién puede ser despreciado y maltratado, expulsado o asesinado?

Por ilustrarlo con algunos ejemplos surrealistas, imaginemos que en Alemania solo los zurdos tuviesen derecho a expresarse libremente; que solo quie-

nes oyen perfectamente pudieran estudiar ebaniste-
ría; que solo las mujeres pudiesen actuar como
testigos ante un tribunal; que en los colegios públicos solo se celebraran las festividades judías; que
solo las parejas homosexuales pudiesen adoptar;
que a los tartamudos se les negara el acceso a las
piscinas públicas; que a los hinchas del Schalke se
les negara el derecho de reunión y que solo las personas con un número de pie superior al 45 pudiesen
ser policías. En cada uno de estos casos estaríamos
ante un código arbitrario que decide sobre cuestiones como el reconocimiento social, las libertades
públicas y la igualdad de oportunidades. Sería fácil
entender que los criterios de pertenencia o acceso a
un grupo son irrelevantes en relación con la capacidad necesaria para desempeñar un cargo o una función, o bien son básicamente irrelevantes en lo que
atañe al derecho a tener una vida libre y autónoma.

Los fenómenos de discriminación y exclusión
más frecuentes son, en su mayoría, igual de arbitrarios y absurdos que los ejemplos anteriores. Solo
ocurre que los relatos empleados para transmitirlos
(o las leyes en las que están insertos) se inscriben en
una tradición tan larga que los *sibbólet* que contienen se han repetido lo suficiente como para que su
cuestionabilidad ya no llame la atención. Las normas
incluyentes y excluyentes solo necesitan ser muy antiguas para desaparecer en el ángulo muerto de la percepción social. Otras líneas divisorias, por ejemplo, las
que separan a los «nuestros» de los «extranjeros», las familias «normales» de las «anormales», las mujeres «de
verdad» de las «de mentira», los europeos «auténti-

cos» de los «no auténticos», los «verdaderos británicos» de los «falsos británicos», en suma, al «nosotros» del «otro» o bien son de nuevo cuño o bien responden a una demanda social cada vez más apremiante[4].

Merece la pena analizar los actuales mecanismos de inclusión y exclusión: las historias y consignas que sirven para clasificar y juzgar a las personas. La decisión de quién puede pertenecer a un grupo y quién no, quién es incluido y quién excluido, a quién se le otorga poder y a quién se le niega, esa decisión se prepara y se justifica mediante disposiciones basadas en lo dicho y lo no dicho, en gestos y en leyes, en reglamentos administrativos o en criterios estéticos, en películas y en imágenes. Esto es lo que determina que unas personas sean consideradas aceptables, pertenecientes al grupo y valiosas, y otras inferiores, extrañas y hostiles.

Actualmente, a determinados movimientos políticos les gusta calificar su identidad de *homogénea, original* (o *natural*) o *pura.* Ya sea una nación o una región que se atribuye una autoridad especial; una comunidad religiosa que aspira a una mayor legitimidad o un pueblo que reclama derechos exclusivos, seguro que al menos uno de esos elementos —*homogéneo, original o puro*— aparece en la descripción de ese «nosotros» que defienden (ya sean los «verdaderos» británicos que se quieren distinguir de los migrantes del Este de Europa, ya los partidarios de PEGIDA que aspiran a proteger a un Occidente «puro» de los musulmanes). A menudo aparecen los tres. Se encuentran en los más diversos movimientos y comunidades y remiten al potencial iliberal de este tipo de políticas identitarias. Los movimientos secesionistas, los partidos nacionalistas o el fundamentalismo pseudorreligioso pueden, sin duda, presentar diferencias abismales en lo que respecta a su ubicación en el espectro político o a sus aspiraciones; también pueden recurrir a distintas estrategias (y formas de violencia), pero a todos los impulsa una idea similar: la de crear una comunidad homogénea, original o pura.

Homogéneo

Mucho antes de que el lenguaje divida y ordene el mundo, la mente humanaconfecciona un orden basado en categorías.
Aleida Assmann, *Ähnlichkeit als Performanz*

Casi todos los partidos nacionalconservadores o populistas de derechas que han tenido éxito en las elecciones nacionales o regionales celebradas en Europa —el Partido de la Libertad (PVV) en los Países Bajos (en 2012, un 10,1 %), el Frente Nacional en Francia (en 2012, un 13,6 %), el Partido de la Libertad de Austria (FPÖ) (en 2013, un 20,5 %), Fidesz en Hungría (en 2014, un 44,9 %, en el Gobierno), Ukip en Gran Bretaña (en 2015, un 12,6 %), los Demócratas de Suecia (en 2015, un 12,9 %), el partido de los Verdaderos Finlandeses (en 2015, un 17,7 %, Gobierno en coalición), el Partido del Pueblo Danés (en 2015, un 21,2 %, Gobierno en coalición), el Partido del Pueblo Suizo (SVP) (en 2015, un 29,4 %, Gobierno en coalición) y el partido Ley y Justicia (PiS) en Polonia (en 2015, un 37,6 %, en el Gobierno)— defienden la idea (o el deseo) de una nación con una cultura y una religión *homogéneas* o bien de un pueblo *homogéneo*.

Recurrir al concepto de «pueblo» es, de entrada, algo ambiguo. ¿A qué se refieren? ¿Quién es «el pueblo»? Algunos movimientos políticos que aluden «al pueblo» en ningún momento lo relacionan con fines antidemocráticos ni excluyentes, sino más bien emancipatorios e inclusivos. La frase que formulan es: «Nosotros *también* somos el pueblo». Estos movimientos se sienten parcial o completamente excluidos de prácticas políticas o de leyes que les afectan y en cuyos procesos decisorios, sin embargo, no son tenidos en cuenta. Se consideran insuficientemente representados no solo a nivel político, sino también en los medios de comunicación. En las democracias parlamentarias de sus países o en la Unión Europea, muchos movimientos sociales y políticos (con independencia de que se consideren de derechas o de izquierdas) critican la falta de participación ciudadana, lamentan la escasa vinculación de las decisiones políticas con los procesos de formación de la voluntad ciudadana de carácter público (es decir, transparentes) y denuncian una falta de legitimación en el plano de la construcción política (de la UE). Con esta crítica apelan a la promesa republicana de la soberanía popular.

En la tradición de Jean Bodin y Jean-Jacques Rousseau, «el pueblo» se concibe como una comunidad de personas libres e iguales, dotada de una soberanía irrenunciable. Según esta concepción, el poder legislativo emana directamente de unos ciudadanos autónomos, no de sus representantes. Además, se describe a un pueblo en verdad presente, capaz de negociar y decidir sobre su propio destino. Esto requiere procesos de formación de la voluntad política, los cuales —como un acto fundacional que se renueva constantemente— son el verdadero germen de la comunidad política. Así, en esta tradición republicana el pueblo no necesariamente viene dado, sino que es algo que se desarrolla a partir del intercambio mutuo y queda constituido mediante un contrato social[5].

Sin embargo, también este modelo de pueblo formado por seres libres e iguales ha sido una ficción histórica. Jamás *todas* las personas fueron libres e iguales. Por decirlo con más rotundidad: jamás todas las personas fueron consideradas personas. Aunque los revolucionarios franceses lograron que el pueblo ocupase el vacío dejado por el monarca, lamentablemente su esbozo de sociedad democrática nunca fue tan inclusivo como pretendía. Las mujeres y los así llamados «extranjeros» quedaron excluidos de la condición de sujetos de derechos civiles con una naturalidad tal que ni siquiera fue necesario argumentarlo de manera explícita. Tampoco el pueblo ni la nación democráticos que pretendían ajustar cuentas con los privilegios de los antiguos estamentos pudieron constituirse sin necesidad de recurrir a una distinción del «otro».

Esto se refleja, entre otros aspectos, en el lenguaje empleado para explicar esa idea de pueblo soberano y contar la historia del contrato social entre ciudadanos libres e iguales: el orden político pronto se describe mediante conceptos como *corporalidad*. Lo que se había concebido como la voluntad democrática de todos (es decir, de todos los individuos autónomos) se transforma de pronto en la voluntad del conjunto (es decir, de un colectivo indeterminado)[6]. La pluralidad de voces y perspectivas singulares cuyo intercambio hace posible que surjan y se negocien posturas y convicciones comunes se convierte en la unidad homogénea del conjunto. La metáfora de la sociedad como *corporación* favorece asociaciones con importantes consecuencias políticas: un cuerpo es algo sólido y cerrado. Un cuerpo está cubierto por una piel que lo delimita. Un cuerpo es vulnerable a las enfermedades producidas por gérmenes y bacterias. Un cuerpo debe mantenerse sano y protegido de las epidemias. Pero un cuerpo es, en primer término, un todo uniforme.

Esta biologización del lenguaje político (y, con él, de la imaginación política) enlaza con la idea de higiene, la cual se extrapola desde el contexto del cuidado médico del cuerpo humano hasta la sociedad: así, la diversidad cultural o religiosa se ve como algo que podría poner en peligro la salud nacional del cuerpo de un pueblo homogéneo. Una vez atrapados en este esquema biopolítico de percepción, enseguida se propaga el miedo al contagio por lo que es «ajeno», lo diferente. Cualquier tipo de otredad no solo sigue siendo distinta, sino que afecta y contamina al cuerpo sano y homogéneo que conforma la nación. Mediante esta figura de pensamiento se crea una identidad arbitrariamente hipocondriaca, ya que siempre teme infectarse de otras prácticas y creencias. Como si cualquier otredad, cualquier desviación de una norma nacional, con independencia de lo que esto signifique, se pro pagase como una epidemia que se transmite por gotas culturales o religiosas. Que cualquier contacto con otros cuerpos se identifique automáticamente como una amenaza y deba, por tanto, evitarse no dice mucho en favor de un «sistema inmunitario cultural» intacto (por seguir con la metáfora). La fantasía biopolítica de un pueblo formado por un cuerpo que debe permanecer sano alienta el temor a la más mínima diferencia.

Esto explica por qué, en la actualidad, algunos se sienten amenazados por un simple tocado, ya sea un velo o una kipá. Como si la mera visión del velo *(hiyab)* de una musulmana o de la kipá de un judío hiciese que los cristianos de pronto se diluyeran. Como si ese tocado se trasladara de la cabeza de quien lo lleva a la de quienes lo miran. Sería hasta divertido si no fuese tan absurdo. Mientras que uno de los argumentos contrarios al velo es que se trata de una prenda que, como tal, discrimina a la mujer (y presupone por tanto que nadie se prestaría a llevarlo voluntariamente) y que debe por ello ser prohibido, otros ven en el velo una amenaza *para ellos mismos* y para la sociedad laica[7]. Como si ese trozo de tela no solo molestara a quienes lo llevan, sino también a quienes lo miran desde lejos. Sin embargo, ambas objeciones obvian el hecho de que esa supuesta represión no puede partir del velo como tal, sino de las personas y estructuras que acosan a la mujer y le imponen una determinada práctica. En este sentido, ambos razonamientos comparten un carácter impositivo: en un caso se trata de la orden de llevar el velo, formulada en un entorno religioso y patriarcal, y, en otro, de la orden de *no* llevarlo, propia de un entorno paternalista y antirreligioso.

Una sociedad laica que garantice el derecho de libertad religiosa y, al mismo tiempo, aspire a proteger y promover los derechos de mujeres y niñas debería empezar por tomarse en serio la autodeterminación femenina. Esto implica reconocer que puede haber mujeres que *deseen* llevar una vida piadosa (con independencia de lo que esto signifique) o comportarse de un modo determinado. En el caso del velo, a nadie le compete calificar ese deseo de irracional, antidemocrático, absurdo o imposible *per se*. Ese deseo merece el mismo respeto y la misma protección que el de manifestarse *en contra* de ese concepto de religiosidad (o de esa práctica) y, por ende, contra el propio concepto de familia religioso y tradicional. En las sociedades liberales europeas, los derechos subjetivos de ambas opciones y proyectos vitales deberían merecer la misma consideración. Una cuestión más compleja es la pertinencia de llevar el velo en el ámbito de la función pública, pues en este caso los derechos fundamentales del individuo a la libertad de creencia y de conciencia y la libertad de confesión religiosa e ideológica, garantizados en los apartados 1 y 2 del artículo 4 de la Constitución alemana, chocan con la obligación del Estado de mantener la neutralidad religiosa e ideológica. Ahora bien, esta misma cuestión se plantea en el caso de llevar un colgante con la cruz cristiana en el aula[8].

Pero, más allá de eso, ¿por qué un tocado debería ponernos tan nerviosos? Al fin y al cabo, no es más que un símbolo cultural o religioso que nos dice que hay personas con otras creencias. ¿Por eso molesta tanto? ¿Porque la diversidad es más difícil de negar si se manifiesta públicamente? Que quienes se desvían de la norma impuesta por la nación dejen de existir en silencio y a escondidas para pasar a ser visibles y audibles en el día a día, que aparezcan en las películas (no como un problema, sino de un modo completamente natural, como protagonistas o en papeles secundarios), que sean mencionados en los libros de texto como *un* ejemplo de *una* forma de creer o de amar o de expresarse, que la separación de los lavabos de señoras y caballeros sea distinta y, con ello, se ponga de manifiesto que las clasificaciones habidas hasta la fecha no eran generalizables (pues no a todos les agradaba utilizarlos), todo esto, no supone ninguna amenaza para ese pueblo concebido como un cuerpo imaginario. La diversidad característica de una sociedad moderna solo puede salir de la invisibilidad al amparo de una norma.

Cuestión bien distinta es revestir la vulneración de los derechos humanos con el halo de una práctica religiosa. En este tipo de conflictos, el Estado de derecho debe hacer valer los derechos individuales frente a las demandas de un colectivo religioso, o incluso frente a la familia de los afectados: en el caso de la terrible práctica de la ablación o de los matrimonios con menores, la intervención del Estado en nombre de la Constitución no solo es lícita, sino necesaria. Un derecho consuetudinario cultural no puede anular un derecho humano.

Los agentes políticos y sociales que hoy, en Europa, vuelven a apelar al «pueblo» y a la «nación» tienen una visión muy reduccionista de ambos términos: el «pueblo» no es entendido como *demos*, sino casi siempre como *ethnos*, en referencia a los miembros de un clan con un origen, una lengua y una cultura (supuestamente) comunes. Los partidos y movimientos que sueñan con un pueblo o una nación *homogéneos* lo que quieren es «revertir»[9] la idea de una comunidad de derecho (supranacional o nacional) formada por seres libres e iguales. Desean una sociedad unida por ejes no horizontales, sino verticales: es el origen étnico y religioso lo que debe determinar la pertenencia al nosotros y no las acciones comunes, no el vínculo con una Constitución que es de todos, no los procesos abiertos de una democracia deliberativa. El derecho de participación es hereditario. Y a quienes no hayan podido heredarlo porque sus padres o abuelos llegaron hace poco se les exige que cumplan con unos requisitos especiales, que asuman determinadas costumbres y que se adapten a ciertas normas que, para otros, bien no rigen o no de la misma manera.

Rara vez se argumenta por qué una cultura o nación homogénea tendría que ser *en esencia* mejor para un Estado moderno que una cultura o nación heterogénea. Sería interesante analizar si el rendimiento de una sociedad uniforme en lo religioso es mayor, si una sociedad uniforme en lo cultural supera las crisis ecológicas más fácilmente, si genera menos injusticia social entre sus miembros, si como orden político resulta ser más estable o si sus miembros se muestran mayor respeto; los argumentos en favor serían muy interesantes. Por el contrario, la «justificación» de un nosotros homogéneo es, con frecuencia, tautológica: una nación homogénea es mejor por ser homogénea[10]. En ocasiones también se arguye que la propia mayoría pronto se convertiría en minoría y que la exclusión de los otros equivale a una labor preventiva de orden cultural y religioso. Los eslóganes de partidos como el Partido Nacionaldemócrata de Alemania (NPD) y ahora también de Alternativa para Alemania (AfD), además de Ukip en Inglaterra o el Frente Nacional en Francia, trabajan con ese escenario: la nación no solo sería más dinámica y heterogénea, sino que también se vería «reducida», «oprimida» y «sustituida» por aquellos que, atendiendo a conceptos biológicamente deterministas y racistas, son clasificados como «los otros». Sin embargo, esta teoría sigue sin proponer un solo argumento que justifique por qué la homogeneidad debería ser tan relevante. A cambio, se limita a atribuir a quienes considera supuestamente «los otros» el propio desprecio de todo lo que sea plural e híbrido.

Esta idea de una nación homogénea en lo religioso y lo cultural inserta en un Estado moderno, tal y como se está reivindicando en la actualidad, encierra algo mucho más peculiar y es su carácter profundamente ahistórico y contrafáctico. La protocélula, en teoría, homogénea de una nación en la que todos sean «los nuestros», en la que no haya ningún inmigrante, ninguna forma de multilingüismo, ninguna diversidad de costumbres y tradiciones ni tampoco pluralidad religiosa… ¿cuándo fue la última vez que se produjo dentro de una nación? ¿Dónde? Esta uniformidad orgánica que se atribuye a una «nación» es un constructo muy potente, pero ficticio[11]. Lo que quiera que se desee y se reivindique como nación nunca se corresponde con una comunidad existente, sino que siempre es una imagen prefabricada, con la consiguiente aproximación (y transformación) de la sociedad a dicha imagen. En este sentido no hay un original, sino que todo se reduce a la determinación de crear un supuesto original consensuado al que se debe emular.

Como ha explicado Benedict Anderson en su famosa obra *Comunidades imaginadas*, todas las comunidades más allá de los pueblos arcaicos no son más que «comunidades imaginadas». Lo que los miembros de cualquier nación moderna comparten *de facto* tampoco es tanto un conjunto de referentes étnicos o culturales (como la lengua, el origen o la religión) como la fantasía de pertenecer a la misma comunidad. «Es *imaginada* porque aun los miembros de la nación más pequeña no conocerán jamás a la mayoría de sus compatriotas, no los verán ni oirán siquiera hablar de ellos, pero en la mente de cada uno vive la imagen de su comunión.»[12]

Por el contrario, los partidos nacionalconservadores y nacionalistas de Europa defienden la *univocidad* de la propia tradición, que neutraliza toda referencia a cualquier tipo de ruptura, ambivalencia o diversidad de la propia historia. Este es uno de los motivos por los cuales los agentes políticos que defienden un programa nacionalista dentro de Europa muestran especial interés por llegar a los centros de investigación histórica, los museos, las instituciones culturales, los organismos educativos y los libros de texto de sus correspondientes países, ya que cualquier voz o perspectiva contraria a su constructo de nación o pueblo homogéneos los incomoda. Por lo tanto, no es de extrañar que el partido que gobierna en Polonia, el PiS, conceda tanta importancia a festividades como el «aniversario de la cristianización de Polonia» o que en Hungría no solo se intente entorpecer la labor de los medios de comunicación a través de determinadas leyes, sino que, a la hora de asignar puestos de responsabilidad en organismos culturales como son los teatros, se impongan los candidatos cuya producción artística no cuestiona la narrativa neonacionalista. También el programa del partido AfD apela expresamente a las instituciones culturales para que pongan en práctica un concepto de identidad nacional con carácter sustancial.

Sin embargo, la homogeneidad del pueblo alemán o de la nación alemana de la que AfD o PEGIDA se sienten deudores no existe. Solo es posible fabricarla excluyendo todo lo que sea declarado supuestamente «antialemán» o «no occidental». Así, se trabaja con diversos *sibbólet* para trazar líneas divisorias que separan a los alemanes «auténticos» de los «no auténticos». Nada resulta demasiado parcial ni demasiado absurdo a estos efectos. En una manifestación de PEGIDA celebrada en Dresde, uno de los participantes se paseó con una barra coronada por un cerdito rosa de juguete. Otro llevaba un gorro de lana con forma de cabeza de cerdo. ¿Un cerdito como estandarte de Occidente? ¿A eso se reduce su aspiración ideológico-cultural? Personalmente no tengo nada en contra de los cerdos, pero, si el consumo de carne porcina está llamado a ser uno de los rasgos distintivos de la identidad occidental, Occidente debe empezar a preocuparse. Exhibir cerditos de juguete en las manifestaciones es, por lo demás, un ejemplo inofensivo: en los últimos meses, en muchos lugares de Alemania donde hay una mezquita o está previsto construirla se han depositado cabezas de cerdo reales. Este nuevo fetiche en el que se ha convertido la carne de cerdo no solo es un *sibbólet* con el que mostrar una actitud paternalista y ofender a los musulmanes, sino también uno de los *topoi* tradicionales del antisemitismo.

El episodio de las caras reproducidas en los envoltorios de las chocolatinas Kinder ocurrido en mayo de 2016 tal vez ilustre mejor aún el tipo de nación racista que estos movimientos imaginan: una nación que solo quiere verse reflejada como una comunidad de blancos y de cristianos[13]. Durante las semanas previas al campeonato de Europa de fútbol celebrado en Francia, la empresa Ferrero decidió reproducir en sus chocolatinas Kinder, en lugar del típico niño rubio, fotos de los jugadores de la selección nacional cuando eran pequeños —entre otras las de Ilkay Gündoğan, Sami Khedira y Jérôme Boateng—, campaña que provocó la protesta de una rama de PEGIDA radicada en el estado de Baden-Württemberg. Según sus seguidores, como reclamo publicitario, los alemanes negros debían ser igual de invisibles que los alemanes musulmanes, ya que distorsionan la imagen prefabricada de una nación homogénea, de un pueblo «puro».

Esta tendencia contraria a una sociedad heterogénea, a un pueblo formado por ciudadanos y ciudadanas libres e iguales, con una Constitución y una práctica democrática comunes, no solo es defendida por movimientos políticos como PEGIDA o el partido AfD. También la frase pronunciada y al parecer olvidada por el vicepresidente de la AfD, Alexander Gauland (o que al menos le es atribuida), en la que afirmaba que «la gente» aprecia al futbolista Boateng, pero no le gustaría «tenerlo de vecino» (frase que, dicho sea de paso, no «ofendía» a Boateng, tal y como se ha sugerido, sino a la así llamada «gente» acusada de rechazar a un vecino negro), describe de un modo muy certero ese racismo cotidiano presente en Alemania, demostrado empíricamente y cuantificado en diversos estudios[14]. En una encuesta representativa (si bien un poco antigua), el 26 % de los interrogados estuvieron de acuerdo con esta afirmación: «Las personas con un tono de piel oscuro no forman parte de Alemania». En este sentido, la frase de Alexander Gauland bien podría haber servido como análisis crítico de esta mentalidad racista, pero de la cita no se desprende tal cosa, pues prácticamente carece de contexto. Sin embargo, cabe pensar que lo que interesa a Alexander Gauland no es tanto cuestionar el resentimiento o los prejuicios como defenderlos y legitimarlos, convirtiéndolos en una supuesta preocupación que es necesario tomar en serio.

Pocos días después, en el semanario *Der Spiegel*, Alexander Gauland comentó el viaje a la Meca del jugador de la selección Mesut Özil. «Como el fútbol no me interesa, poco me importa adónde vaya el señor Özil. Pero, en el caso de funcionarios, profesores y responsables políticos, sí que formularía la siguiente pregunta: para alguien que viaja a la Meca, ¿es la democracia alemana el lugar adecuado?» Ante la petición de explicaciones, el vicepresidente del partido AfD aclara su postura: «Debo poder preguntar dónde radica la lealtad de esa persona. ¿En la Constitución alemana? ¿O más bien en el islam, que es un islam político? Y esa persona, al dar la vuelta a la *kaaba*, ¿está demostrando su cercanía a ese islam político? De todos modos, creo que los futbolistas, como el señor Özil, no son responsables políticos»[15].

Lo primero que llama la atención son las veces que Alexander Gauland insiste en que el fútbol no le interesa. Esto es sin duda legítimo, pero no tiene ninguna relevancia en su argumentación. Si, tal y como Gauland insinúa, el islam y la democracia fuesen irreconciliables, todo musulmán creyente, ya fuese futbolista o magistrado del Tribunal Supremo de Justicia, debería suponer el mismo problema. Es más, si tenemos en cuenta el grado de celebridad de un jugador de la selección, al señor Gauland tal vez debería preocuparle más la influencia de un futbolista que la de un funcionario, pero esa es otra cuestión. El problema de la postura que defiende Gauland es que no está cuestionando la lealtad de Mesut Özil, sino la suya propia. Son las afirmaciones de este político las que contravienen la Constitución. Todos los ciudadanos pueden practicar libremente su religión, lo cual incluye peregrinajes tanto a Santiago de Compostela como a la Meca. Alexander Gauland es consciente de ello. Por eso también debe cuestionar que los musulmanes pertenezcan a una comunidad de creyentes, es decir, debe negar al islam la categoría de religión. Como «prueba» de esta afirmación, Gauland cita precisamente las palabras del ayatolá Jomeini cuando dijo que el islam era político. Es como si citase a Andreas Baader, cofundador de la Fracción del Ejército Rojo, como fuente de autoridad para definir en qué consiste la democracia. Lo que aquí se cuestiona no es la lealtad constitucional de Mesut Özil, sino la de Alexander Gauland. Mesut Özil no duda de que alguien que profese la fe cristiana o que no crea en nada pueda vivir en una democracia laica y gozar de los mismos derechos y de la misma protección por parte del Estado. Mesut Özil practica su religión sin descalificar las creencias y convicciones de otras personas tachándolas de desleales o antidemocráticas.

El debate acabó dando un peculiar giro cuando Frauke Petry, líder de la AfD, reprochó a Mesut Özil que hubiese hecho público su peregrinaje publicando una foto en Twitter (como si la religión fuese algo que solo se pudiera practicar en secreto), para, acto seguido, reprocharle que no viviera «según las reglas de la *sharía*», pues las mujeres que lo acompañaban no llevaban velo. Por lo tanto, no queda del todo claro de qué se acusa a Mesut Özil: si de ser un musulmán creyente o de no serlo. Lo que sí parece claro es que el partido AfD no solo se resiste a definir en qué consiste la democracia (a diferencia de lo dispuesto en la Constitución), sino también en qué consiste ser musulmán. Es evidente que solo un fundamentalista responde a la idea que la AfD tiene de un musulmán. Para Frauke Petry, una persona creyente, de mentalidad abierta y tolerante, que —como la mayoría de quienes practican otras religiones— cumpla con determinados preceptos, que obedezca unas reglas y otras no y que, además, considere que algunas de esas normas están pasadas de moda o son poco prácticas no puede ser musulmán.

ORIGINAL/NATURAL

Nadie te dice que es por ser como eres.
Cato, en
SASHA MARIANNA SALZMANN, *Meteoriten*

El estatus del nosotros, en teoría más elevado, también se suele inscribir en un relato que sustenta un mito fundacional: las propias creencias o la propia identidad es mejor, más importante o más valiosa que otra porque está vinculada a una suerte de ideología original o a un orden natural. La historia narrada sobre la tradición familiar o la propia forma de vida mira con frecuencia al pasado. En esa época, cuando la sociedad todavía era supuestamente «pura», cuando se creía que todos compartían los mismos valores, cuando imperaban las mismas convenciones, en ese entonces imaginario todo habría sido más «auténtico», «verdadero» y «correcto». A la luz de este pasado, el presente tiende a considerarse «degradado», «corrompido» o «enfermo». Las personas, los actos o las opiniones individuales se valoran en función de su «autenticidad» respecto de los ideales originales.

El *sibbólet* al que se recurre en este caso para degradar a las personas califica determinados rasgos, cuerpos o formas de vida en su conjunto como «antinaturales» o «falsos», lo cual quiere decir que algo (una persona, un planteamiento, un orden) ya no es como antes. Algo ha cambiado. Algo no se ajusta a lo que se considera «original». Algo ha dejado de ser como estaba previsto o establecido por la naturaleza. Hay algo que cuestiona el orden social y natural. Según el contexto político o ideológico, la crítica a lo «antinatural» o lo «no original» se combina con el reproche de la «occidentalización», la «degradación de la verdadera fe», la «enfermedad de la modernización», la «inclinación al mal» o la «perversión»[16].

La retórica de lo «natural» y «original» se manifiesta con frecuencia a través de los mismos referentes: la cuestión de qué se considera «verdaderamente» masculino o «verdaderamente» femenino y qué es lo que procede al hablar de personas trans o personas intersexuales; qué se considera una sexualidad «natural» y cómo respetar a las personas gais, lesbianas, bisexuales o *queer* y, no menos importante, qué se considera una «verdadera» familia y cómo reconocer a todas esas familias que existen más allá de la constelación tradicional heterosexual de padre-madre-hijo[17].

Desde un punto de vista histórico, la estrategia de recurrir a la «naturalidad» del género es, por diversos motivos, tan eficaz como influyente. La idea de que existen unos géneros «naturales» obedece a una tradición cristiana y va unida a la de un supuesto propósito divino. Así, a quien ha sido creado naturalmente por Dios, le corresponde un valor especial que lo hace intocable. El género «natural» y «original» no puede ni debe concebirse como algo distinto a la norma que establece lo que es «normal». Según esta lógica, cualquier otra cosa, o cualquier tipo de cambio, queda descalificada por ser «antinatural», «enfermiza», «no prevista» por Dios y, por lo tanto, «indeseada».

Por ello, una de las estrategias empleadas para denunciar esta «normalidad» sacralizada consiste en sacar a la luz el carácter ideológico de la afirmación que postula la naturalidad de los géneros[18], para subrayar la importancia de las dimensiones social y simbólica en la construcción del género. Del argumento que define el género como un constructo social se derivan espacios de libertad políticos y normativos que resultan deseables: si el género, es decir, la «masculinidad» o la «feminidad», no se considera un simple hecho físico innato, sino más bien la consecuencia de una serie de acuerdos sociales y políticos que determinan las diferentes formas de existir, esto no se traducirá en una «normalidad» fundamental ni llevará un valor aparejado.

Con todo, aquí no se abordará la cuestión de si el género de una persona es algo «natural» que viene dado o debe concebirse como un constructo social. Tampoco me centraré en la pregunta de si, desde un punto de vista histórico, la pequeña familia heterosexual puede en efecto considerarse «más original» que otros tipos de relación o formas de vida, o si esto no es más que una mera ficción. Son debates tan importantes como complejos, que aquí apenas alcanzaría a plantear de un modo fragmentario. Lo que me interesa, llegados a este punto, es otra línea argumentativa. Me interesa la relación entre la naturalidad (u originalidad) de un cuerpo, de un deseo, de una forma de vida y su *reconocimiento social o jurídico*; es decir, ¿en qué creen exactamente quienes defienden las categorías de «naturalidad» y «originalidad»? Inmersos como estamos en una modernidad ilustrada y postmetafísica, ¿por qué si algo aparece en el mundo en primer lugar y de una determinada forma debemos inferir que eso merece gozar de un cierto derecho o de un estatus más elevado? ¿Cómo se relaciona la legitimación del poder con una idea concreta de lo que debe ser el orden natural y original?[19] ¿Por qué en un Estado laico algo debería tener más o menos valor o merecer más o menos reconocimiento, por la sencilla razón de que dos mil (o apenas veinte) años atrás fuera así o de otra manera? ¿Acaso la Constitución prevé atribuir a la naturaleza, *per se,* un significado normativo? En la era de los cíborgs, las impresoras 3D, los avances biogenéticos y sintéticos, la medicina reproductiva y el antropoceno, ¿qué sentido tiene hablar de naturalidad y vincularla a una serie de derechos? ¿Por qué un cuerpo modificado o indefinido debería ser menos digno, menos bello o merecer menos reconocimiento?

Una persona trans es alguien cuyo conjunto de marcas de género externas y congénitas, cromosomas y hormonas no se corresponden con lo que esa persona siente. Esta sería una posible definición. Otra sería la siguiente: una persona trans es alguien cuya asignación de género no se corresponde con lo que ella siente. En la primera definición, los rasgos corporales congénitos (o los cromosomas y las hormonas) desempeñan un papel. En la segunda, la relación entre los rasgos físicos y la asignación de género se considera cuestionable o contingente desde un punto de vista histórico[20].

Esto puede ser difícil de imaginar para quienes se encuentran bien y a gusto en el cuerpo en el que han nacido y con el género que les ha sido asignado. Nada más oír la palabra «trans», ver un asterisco «*» o un guion bajo «_», suelen mirar para otro lado o dejan de leer, como si los fenómenos o las personas menos frecuentes no merecieran atención ni estima. Como si la propia empatía no fuese o no debiera ser suficiente. Sin embargo, para muchos, identificarse con estos personajes y llegar a entender sus historias parece obvio en el caso de figuras extraídas del mundo de Shakespeare, de las óperas de Händel o de los cómics del género manga. Que algo sea infrecuente no significa que sea raro ni monstruoso. Infrecuente solo quiere decir eso, infrecuente. En realidad, son personas de las que se habla menos. Y, en ocasiones, es en los anhelos y en la lucha por el reconocimiento de quienes tienen rasgos y experiencias singulares y poco comunes donde se refleja la vulnerabilidad inherente a la condición humana. Así, justo a través de la vulnerabilidad de las personas trans, mediante su búsqueda de visibilidad y reconocimiento, es como se pone de manifiesto la interdependencia que nos caracteriza en general *como seres humanos*. En este sentido, la situación de estas personas nos afecta y nos concierne a todos, no solo a quienes vivan y piensen como ellos. Los derechos de las personas trans son igual de importantes que todos los derechos humanos; en un marco de pensamiento universalista, apoyarlos y defenderlos es una obviedad.

Es probable que muchas personas conozcan esa misma sensación, acaso rebajada, por muy diversos motivos: la sensación de no identificarse con todos los rasgos o propiedades de uno mismo; el sentirse internamente como algo distinto a lo que se ve, se deduce o se permite desde fuera; la percepción de que las expectativas y clasificaciones impuestas limitan nuestras posibilidades. Ahora bien, en el caso de las personas trans, esta discrepancia entre la certeza interior y las atribuciones externas o el rol desempeñado afecta a la identidad de género. Una persona vive en un cuerpo de mujer, pero se siente hombre, o bien vive en un cuerpo de hombre y se considera mujer[21]. Una persona siente el anhelo, la necesidad o la certeza de querer (o tener que) vivir como otra de un género distinto al que le ha sido asignado. Una persona tiene un nombre desde que nació y, sin embargo, sabe que ese nombre no se corresponde con lo que esa persona es de verdad ni con el de la persona que realmente quiere ser.

Yo me lo imagino como la variante extrema de la irritación que uno siente cuando pronuncian su nombre mal o es interpelado de forma incorrecta: uno no puede por menos de sobresaltarse. Una pronunciación o interpelación equivocada puede generar incluso irritación física, con independencia de que se trate de un descuido o de algo hecho adrede[22].

Algo en el interior de cada uno profiere un alarido y se empeña en corregir lo que está mal. Basta un simple apelativo cariñoso o un apodo que nos disguste o que no se corresponda con nosotros. Uno desea rechazarlo con media sonrisa, por más que se haya utilizado de forma cariñosa y bienintencionada. Más dolorosas resultan las ofensas, los ataques verbales y los insultos que uno recibe, tanto en la calle como en las redes sociales. Las palabras que hieren reflejan claramente la relación entre el nombre y la realidad, el conocimiento y el poder[23]. Un nombre siempre confirma una existencia social. La forma en la que soy interpelado me ayuda a situarme en el mundo. Si constantemente se me asignan términos connotados u ofensivos, mi posición social también se verá desplazada[24].

De este modo, para las personas trans, el nombre de pila que les asigna un determinado género que no les corresponde constituye una deformación social permanente. Se ven obligadas a responder a un nombre que niega y cuestiona lo que ellas mismas están experimentando. En la vida diaria, una y otra vez se las llama por el nombre (masculino o femenino) consignado en documentos oficiales, lo cual las obliga a pertenecer a un género no deseado. Peores y más humillantes aún son las experiencias que viven en los puestos de control fronterizos, cuando los funcionarios apartan e interrogan a las personas trans (e incluso las someten a registros físicos). Así, para muchas de ellas es vital lograr un cambio en lo que respecta a los derechos relacionados con su identidad y condición (ya sea el nombre de pila o la mención relativa al sexo que figura en el registro civil).

Para un público más amplio, la última en hacer visible la imagen de una persona *convertida en mujer* o mujer trans ha sido Caitlyn Jenner, que ha llevado a cabo su reasignación de sexo mediante una intervención quirúrgica y que, sobre todo gracias a aparecer en la portada de la revista *Vanity Fair* (con fotos de Annie Leibovitz), ha escenificado una feminidad casi «perfecta». Con Caitlyn Jenner o con sus fotografías se asocia la idea de que el objetivo de toda persona trans es una reasignación de sexo —de hombre a mujer (o de mujer a hombre)— lo más perfecta posible desde un punto de vista estético. Según esta lectura, una persona trans no trascendería los roles dominantes en la sociedad, sino que más bien refrendaría los códigos de masculinidad y feminidad existentes. Al margen de los recursos económicos, del grado de fama de la persona y la consiguiente atención prestada por los medios, el caso de Caitlyn Jenner no es en absoluto representativo. Esta afirmación no tiene por qué mermar el respeto que merece un acto tan valiente como el suyo. Sin embargo, para muchas personas trans es muchísimo más difícil lograr visibilidad y aceptación públicas debido a su clase social, al color de piel o a la discriminación que sufren. Aunque Caitlyn Jenner se haya hecho visible como un ejemplo especialmente llamativo de una persona convertida en mujer o mujer trans, la realidad vital de la mayoría de personas trans no es nada glamurosa. En el año 2013, la tasa de desempleo de las personas trans en Estados Unidos ascendía al 14 % (doblando la media total del país); el 15 % de estas personas tenía una renta anual inferior a 10.000 dólares (en comparación con el 4 % del conjunto de la población)[25].

Lo más importante es subrayar que no hay una sola forma de vivir el transgénero. Existe una gran variedad de personas trans, de experiencias y de prácticas performativas para mostrarse y comportarse. Algunas de estas personas mencionan los correspondientes *sibbólet* que actúan como modelos masculinos o femeninos, otras juegan con ellos y los subvierten. Los códigos de lo masculino y lo femenino se reciclan o se parodian, se refrendan o se ignoran, de forma hablada o cantada, en espectáculos de *drags* o *voguing*, con determinados bailes o vestidos, con *packers* o *binders*[26], con cosméticos, barbas, pelucas, calvas o... sin nada. Unos tratan por todos los medios de pronunciar o imitar correctamente el sonido de *sibbólet*, otros transforman dicha consigna mediante procesos de *re-iteración*, alterando al mismo tiempo los mecanismos de exclusión e inclusión.

El deseo individual de equiparar la asignación oficial de género a las convicciones internas y a la identidad vivida puede ser muy variado. Algunas personas rechazan las categorías de género por no ajustarse a ellas o considerarlas de entrada cuestionables. Otras quieren ser social y jurídicamente aceptadas según la identidad de género que viven, sin necesidad de someterse a una cirugía. Otras desean que todos los rasgos primarios y secundarios que conforman su identidad de género se correspondan con lo que ellas sienten. Quienes deseen transformar o adaptar su identidad sexual disponen de varias posibilidades para llevar a cabo esa *transición*: puede ser mediante la toma de hormonas o mediante una cirugía, los casos son muy variados. *Trans* puede significar «de H a M» (o «de M a H»), pero también puede querer decir «entre H y M» o «ni H ni M». Y también puede significar que las categorías binarias «H» y «M» son inadecuadas o, sencillamente, insuficientes. Algunos no quieren verse encasillados en una identidad de género «unívoca» ni en un cuerpo «unívoco» y deciden vivir en otro lugar[27].

También entre las propias personas trans resulta muy controvertido establecer el significado normativo o político de las distintas formas de *transición*, así como los conceptos de corporalidad y «naturalidad» que dichas personas confirman o cuestionan a través de sus prácticas y sus decisiones: la cirugía de reasignación de sexo ¿es una especie de «mutilación» de un cuerpo «natural»? ¿O bien se limita a rectificar algo para darle la forma adecuada? ¿Acaso los cuerpos no son ya de por sí (y lo han sido siempre) el resultado de intervenciones bioquímicas, médicas y tecnológicas, lo cual convierte en absurda cualquier idea de conservar un cuerpo original e intacto? La posibilidad de modelarse, cuidarse y transformarse ¿es una forma de libertad subjetiva? ¿Se trata de la versión emancipadora de la preocupación por uno mismo? ¿Recurrir a una terapia hormonal implica forjar una dudosa alianza con la industria farmacéutica, que a su vez se beneficia de que los

Estados quieran reglamentar y organizar el placer y los cuerpos de las personas?

¿Hasta qué punto quienes sufren bajo estas normas de asignación de género o bien las cuestionan acaban legitimándolas? Sobre estas preguntas abiertas de carácter político y su planteamiento en el propio círculo de amigos, el hombre trans Paul B. Preciado escribe: «Sé que van a juzgarme por tomar testosterona, los unos porque me voy a volver un hombre entre los hombres, porque estaba bien cuando era una chica». Algunas personas trans lo que quieren es precisamente eso: ser un hombre «como los demás» o una mujer «como las demás». Para otras, por el contrario, se trata de escapar de las prescripciones sobre lo masculino o femenino. No en vano, también se plantea la pregunta de qué se *consigue* con un tratamiento hormonal. ¿Acaso quien comienza a tomar hormonas encaja automáticamente en los roles dominantes? ¿Qué le sucede a la persona que toma hormonas? ¿De verdad se limita a transformar únicamente a la persona o influye también en la opinión de los demás? Es posible dar una respuesta médica: el aumento del nivel de testosterona en la sangre de un cuerpo con un metabolismo acostumbrado a generar estrógenos es una especie de «reprogramación»: «La totalidad de las funciones del cuerpo se ven afectadas por una pequeña modificación hormonal: las ganas de comer y de follar, la regulación del riego sanguíneo y la asimilación de los minerales, el ritmo biológico del sueño, la capacidad de esfuerzo físico, el tono muscular, el metabolismo, el sentido del olfato y del gusto. En definitiva, toda la fisiología química del organismo»[28]. Ahora bien, ¿es el resultado automáticamente «masculino»? ¿O bien lo que se considera «masculino» es el acuerdo para interpretar como «masculino» un determinado conjunto de rasgos cromosómicos y genitales, pero también de gestos, prácticas y costumbres?

Para quienes se deciden a realizar una *transición*, el camino esconde varios umbrales internos y externos[29]. Entre los primeros se encuentra la incertidumbre sobre qué sensación producirá la propia piel, cómo sonará la propia voz, cómo olerá el propio sudor y en qué medida cambiarán el aspecto físico y la percepción del placer. «Esperar a que lleguen los efectos de esta droga sin saber exactamente cuáles serán ni cómo ni cuándo se manifestarán», escribe Preciado sobre la decisión de tomar testosterona por primera vez[30]. Decidirse en favor de una *transición* siempre implica adentrarse en un proceso dinámico, incierto y, de alguna manera, adentrarse también en uno mismo. Aunque la *transición* no sea nada ilegal, aunque se lleve a cabo bajo observación médica y con un control por parte de la Administración, es un camino frágil en la misma medida que constituye un tabú. «Cuando decido tomar mi primera dosis de testosterona no se lo digo a nadie. Como si se tratara de una droga dura —explica Preciado—, espero a estar sola en casa para probarlo. Espero a que sea de noche. Saco uno de los paquetes del bote de cristal y vuelvo a cerrarlo para asegurarme de que hoy y por primera vez consumiré una sola y única dosis. Apenas he empezado y ya me comporto como una adicta a una sustancia ilícita. Me escondo, me vigilo, me censuro, me contengo.»[31]

Otro de los umbrales internos es el miedo al rechazo social. La preocupación por las constantes preguntas de los demás y por las constantes explicaciones que puedan ser necesarias para que los conocidos y los compañeros de trabajo entiendan el cambio. Por una parte, es lógico que el entorno social quiera comprender el proceso y tenga preguntas, sin duda bienintencionadas. Por supuesto que llamar de otra manera a alguien a quien siempre se ha conocido por otro nombre requiere una adaptación. Es probable que deba pasar cierto tiempo hasta que el nuevo nombre resulte tan evidente y familiar como el anterior. Habrá veces en las que salga mal, ya sea por descuido o por costumbre. Es comprensible. Y por eso precisamente seguro que ayuda poder preguntar y entender mejor todo el proceso. Por otro lado, para las personas trans puede suponer un gran esfuerzo hablar todo el tiempo de su *transición*. A veces les gustaría ser percibidos como individuos más allá de ese hecho, como una persona que tal vez toque la batería, esté criando a un niño o trabaje como abogada. Otro de los umbrales internos probablemente sea el miedo al dolor que conlleva la cirugía. Una *transición* no se compone de un solo acto, de una «rectificación» quirúrgica puntual, sino que a menudo consta de una larga sucesión de intervenciones, en algunos casos dolorosas y complejas.

Entre los umbrales externos de una *transición* se encuentran, sobre todo, los obstáculos burocráticos, económicos, psiquiátricos y jurídicos que preceden a una concordancia de género. En Alemania, la ley sobre los transexuales (TSG, por sus siglas en alemán) regula desde 1981 las posibilidades jurídicas que tienen las personas trans para que les sea reconocido, también oficialmente, el género al que ellas mismas sienten pertenecer[32]. La ley sobre el Cambio de Nombre Propio y la Asignación de Género en Casos Especiales establece las condiciones necesarias para reconocer el deseo de adaptar el nombre de pila al género percibido («pequeña solución») o bien el deseo de rectificar la mención registral del sexo, es decir, conseguir una reasignación de sexo y de nombre («gran solución»). Tras numerosas reformas, la ley ya no establece la cirugía de reasignación de sexo como requisito para rectificar la mención registral. Más bien se trata de que la persona que solicita dicha rectificación «por motivo de su condición transexual ya no *siente que pertenezca* al género registrado» (cursiva propia)[33]. Por lo tanto, lo decisivo no es la naturalidad ni la univocidad del cuerpo —con independencia de cómo esto se defina—, ni tampoco si el cuerpo se corresponde en todas sus características con la identidad de género vivida. Lo decisivo es determinar si la persona *se identifica* con la asignación de un género concreto. Entretanto, a raíz de una serie de sentencias del Tribunal Constitucional alemán, se ha impuesto el convencimiento de que solo debe estimarse la identificación psíquica o emocional y en ningún caso las circunstancias físicas. Esta fue la argumentación de la sala primera en un auto del 11 de enero de 2011: «Desde que entró en vigor la ley sobre los transexuales se han adquirido nuevos conocimientos sobre la transexualidad [...]. Los transexuales viven con la conciencia permanente e irreversible de pertenecer a un género que, según sus características sexuales externas, no les fue asignado en el momento de nacer. Al igual que en el caso de los no transexuales, su orientación sexual dentro del género percibido puede ser tanto hetero como homosexual»[34].

Sin embargo, a día de hoy, el libre desarrollo de la personalidad que la Constitución garantiza a las personas trans no es tan libre como parece. El derecho de autodeterminación se ve particularmente limitado. Las circunstancias en que las personas pueden decidir sobre su propio cuerpo son infinitas: está permitido consumir drogas sintéticas, aproximarse a la fantasía estética que uno tenga de sí mismo con ayuda de la cirugía plástica y complementar el propio cuerpo o sustituir alguna de sus partes recurriendo a prótesis o a otras innovaciones en el campo de la tecnología médica. Se pueden emplear técnicas de fecundación *in vitro* para lograr un embarazo, y la cirugía reconstructiva permite tratar heridas y mutilaciones de máxima gravedad. Hace tiempo que todo esto forma parte de la rutina médico-estética. Sin embargo, el libre desarrollo de las personas trans sigue siendo una cuestión compleja desde el punto de vista administrativo y está sobrecargada de reglamentación y disciplina biopolíticas. En vista de todas las especialidades implicadas (psicólogos, forenses y médicos), el sociólogo Stefan Hirschauer habla de la «reasignación de sexo como logro profesional».

Así, la Administración alemana exige analizar los hechos que conforman la «transexualidad». El juzgado de primera instancia está obligado a recabar dos informes independientes en los que psiquiatras colegiados certifiquen que la sensación de pertenencia de la persona trans a un determinado género no se verá alterada. Sin estos informes es imposible tramitar la rectificación de la mención registral. Cuando hay un diagnóstico de «transexualidad», los informes psiquiátricos no necesariamente se limitan a establecer (tal y como prevé el legislador) si una persona *siente que pertenece* a otro género, sino que califican la transexualidad como una enfermedad y un «trastorno»[35]. Para ello resulta decisiva la clasificación de la «transexualidad» según el manual CIE-10 (Clasificación Internacional de Enfermedades) de la Organización Mundial de la Salud (OMS). En el capítulo V, apartados F00-F99 del CIE, se enumeran los trastornos psíquicos y conductuales, entre los cuales figuran, del F60 al F69, los «Trastornos de la personalidad y de la conducta». ¿Por qué? ¿Por qué una persona trans habría de ser clasificada como poseedora de un trastorno conductual? El Tribunal Constitucional alemán no prevé este tipo de patologización, solo exige que una persona sienta que pertenece a otro género y que dicha percepción sea continuada. Para ello no es necesario calificar a la persona de «enferma» ni lo que ella percibe como «antinatural». Se-

gún denuncian muchas personas trans, quien quiera
rectificar su mención registral no solo debe presentar dos informes psiquiátricos ante el juzgado de
primera instancia, sino que en el transcurso de las
entrevistas obligatorias con varios especialistas debe
ofrecer un relato lo más veraz posible del propio
padecimiento. Para muchas personas esto no es ningún problema, pues desde siempre han vivido su
situación como un sufrimiento terrible. Algunas lo
describen como vivir en «un cuerpo equivocado».
Otras, por el contrario, asocian el sufrimiento a la
percepción e interpretación de ese cuerpo como algo
socialmente inaceptable. Algunas personas trans no
rechazan de entrada el calificativo de enfermedad,
puesto que ellas mismas han percibido su vida antes
de (re)nacer en otro cuerpo y con otro nombre como
algo terriblemente doloroso. Sin embargo, para muchas otras, este tipo de informes supone una patologización inadmisible. Así, es lógico que se rebelen
contra el hecho de ser estigmatizadas como enfermos
«trastornados», estigma al que además deben contribuir *de facto* durante el proceso de evaluación psiquiá-
trica si desean obtener el informe requerido.

En un ensayo titulado *The Elusive Embrace* [El abrazo esquivo], el escritor y crítico Daniel Mendelsohn
habla de cómo le marcó el estudio de las lenguas que
se hablaban en la Antigüedad clásica. En el griego
antiguo existe un conector oracional muy caracterís-
tico compuesto por las palabras *men* y *de*, que se puede traducir por la expresión «por una parte» y «por
otra (parte)». Los griegos avanzaban *men*, mientras *de*
los troyanos se resistían. Esta fórmula permite combi-

nar oraciones que expresan una oposición. Mendel-sohn explica cómo esta estructura del «por una parte / por otra parte» poco a poco fue influyendo en su forma de pensar: «Si pasas el tiempo suficiente estudiando la literatura griega, este ritmo empieza a estructurar el propio pensamiento, también en lo relativo a otras cuestiones. El mundo *me* en el que has nacido y el mundo *de* en el que eliges vivir»[36].

El pensamiento en torno a la masculinidad o la feminidad casi siempre se desplaza por un eje que conecta dos opuestos, se sitúa en una disyuntiva. Al margen de lo que se considere masculino o femenino en una cultura o un contexto histórico determinados, lo que parece decisivo es que los contornos y las fronteras supuestamente «naturales» y «originales» no se desdibujen. Que las diferencias esenciales sigan siendo reconocibles y mantengan el orden social. Constatar la naturalidad de los géneros siempre implica reclamar su *univocidad* inalterable[37].

Cuando dicha univocidad no se produce y una persona (a través de su cuerpo o de su propia percepción) rechaza pertenecer al género que le fue asignado al nacer o bien no encaja en la oposición binaria clásica, se sigue partiendo de un trastorno médico-psiquiátrico. Lo que debe considerarse «original» o «natural» ya no es necesariamente el cuerpo de una persona, sino su estructura de pensamiento, compuesta por *men* y *de*. Quienes no se ajusten a ella serán calificados de «enfermos» por el preceptivo informe[38].

Al analizar la patologización de las personas trans no solo se trata de determinar cuáles son las consecuencias jurídicas y normativas derivadas del reconocimiento y la rectificación de la mención registral deseados, sino de comprobar cómo la estigmatización despoja a estas personas de la protección política y social que necesitan y merecen tanto como cualquier otro ciudadano. El hecho de estar marcadas no solo como individuos que se salen de la norma, sino que además sufren un presunto «trastorno», hace que las personas trans queden excluidas y aisladas. Lamentablemente, son demasiadas las veces que esta degradación social alimenta el desprecio y los actos de violencia a los que las personas trans se ven especialmente expuestas en su vida diaria[39]. Para los individuos o grupos que discriminan a estas personas, su supuesta «enfermedad» es una muy buena noticia, pues les sirve como «justificación» de la burla y el odio, de los ataques brutales o de los actos de violencia sexual a los que las someten.

Lamentablemente, tal y como volvió a ponerse de manifiesto en el terrible atentado perpetrado en Orlando en junio de 2016, la experiencia de desamparo es lo que une a lesbianas, gais, bisexuales, transgénero, intersexuales y *queer*[40]. Al margen de nuestras diferencias y de nuestra singularidad como individuos, el sentimiento de vulnerabilidad es común. Seguir teniendo que contar con posibles insultos y ataques en público; no estar nunca seguros de lo que nosotros, los que amamos o deseamos de otra forma o tenemos un aspecto *un poco* distinto al de la mayoría que dicta la norma, arriesgamos cuando salimos a la calle de la mano o nos besamos; tener que anticipar siempre una posible agresión; ser siempre conscientes de lo que seguimos siendo: un objeto de exclusión sobre el que quienes odian pueden ejercer la violencia. «Los lugares gais están atormentados por la historia de esta violencia —escribe Didier Eribon en su magnífico libro de memorias titulado *Regreso a Reims*—, cada camino, cada banco, cada espacio alejado de las miradas lleva inscripto todo el pasado, todo el presente y probablemente todo el futuro de esos ataques.»[41]

Con motivo del día internacional contra la homofobia, la transfobia y la bifobia, celebrado el 17 de mayo de 2016, el movimiento Trans Murder Monitoring Project publicó las siguientes cifras: solo en lo que había transcurrido de 2016, cien personas trans o de género diverso habían sido asesinadas en todo el mundo. Desde que comenzó el proyecto, en enero de 2008, hasta el 30 de abril de 2016, 2.115 personas habían muerto en 65 países como consecuencia de la violencia homófoba, transfóbica o bifóbica. De todos estos asesinatos, 1.654 se registraron solo en América Central y del Sur. En su informe sobre delitos de odio cometidos en 2014, bajo el epígrafe «Delitos de odio contra personas LGTBI» la OSCE recoge 129 casos registrados por la policía, muchos menos que los delitos de odio consignados por la policía con una motivación antisemita (413) o racista (2.039). No obstante, la estadística también recoge los casos que no fueron denunciados ante la policía, sino que fueron recopilados y registrados por agentes de la sociedad civil: en ese mismo año, los casos de ataques violentos por motivos racistas ascienden a 47, mientras que los ataques violentos registrados contra personas LGTB fueron 118[42].

Para las personas trans e intersexuales, la experiencia del odio y el maltrato es especialmente virulenta. Ellas están expuestas a una discriminación y una violencia extrema en mucha mayor medida que gais y lesbianas. Esto se debe, entre otros factores, a la falta de espacios públicos donde puedan relacionarse y sentirse protegidas[43]. En piscinas, vestuarios, gimnasios y en los baños públicos se arriesgan a ser continuamente excluidas o atacadas. La particular agresión a la que se ven expuestas las personas trans e intersexuales suele partir del hecho de que las personas o grupos transfóbicos no pueden soportar la *ambigüedad* ni la ambivalencia[44]. Ahora bien, que algo sea percibido como «ambiguo» o «ambivalente» depende de un abanico de categorías bastante limitado de por sí. El desprecio hacia las personas trans a menudo se camufla tras la afirmación de que la propia masculinidad o feminidad podría verse amenazada o cuestionada por la ambigüedad de los roles de género que dichas personas desempeñan. Esto resulta curioso en tanto en cuanto las personas trans no exigen a los demás que cambien su identidad de género, sino que se limitan a cuestionar las condiciones según las cuales ellas ven restringido el derecho a vivir en función de su personalidad.

Recientemente, el acceso de las personas trans a los baños públicos ha sido objeto de un acalorado debate, sobre todo en Estados Unidos. Once estados han demandado al Gobierno de Barack Obama por haber ordenado a todos los colegios del país permitir que las personas trans escojan libremente el baño que se corresponde con el género del que ellas se sienten, con independencia de lo que conste en su partida de nacimiento. Algunos estados han protestado presentando una demanda en la que se acusa al Gobierno de «convertir lugares de trabajo y centros educativos en laboratorios para llevar a cabo un experimento social en masa»[45]. Si consideramos la protección jurídica y física de las minorías frente a la discriminación y a la violencia un «experimento social en masa», dicha acusación resulta ser cierta.

De hecho, es asombroso el grado de encono y apasionamiento con los que se critica que personas cuyo género «original» ya no se corresponde con aquel según el que viven tengan un lugar donde hacer sus necesidades. A los partidarios de una nueva clasificación de los baños públicos o de su apertura para las personas trans con frecuencia se los acusa de tener una fijación casi ridícula y de creer que la propia emancipación depende de algo tan banal como ir al lavabo. Con independencia de la sorprendente infravaloración del significado de los baños que entraña dicho reproche, si el tema fuese tan ridículo e insignificante como postulan sus detractores sería fácil llegar a un consenso partiendo de la calma y la generosidad.

¿Por qué habría de ser tan complicado? Una sociedad abierta y justa también se caracteriza por su capacidad de aprendizaje: esto no solo implica liberar recursos para hacer frente a problemas ecológicos y económicos y ponerles solución, sino también cuestionar de forma autocrítica los criterios que rigen la participación política y social. Una sociedad dispuesta a aprender se caracteriza por asegurarse de que todos tienen realmente las mismas posibilidades y reciben la misma protección, o por comprobar si existen barreras visibles o invisibles impuestas por tabúes o *sibbólet* ideológicos. Para ello no solo es necesario analizar las leyes y su aplicación, sino también las estructuras arquitectónicas y mediáticas. Esto debería poder hacerse con cierta curiosidad irónica y autocrítica.

Hoy nos resulta obvio que haya noticias en lenguaje de signos y programas de televisión subtitulados para sordos; en las estaciones y los edificios públicos hay accesos para personas con movilidad reducida; en la mayoría de restaurantes atienden muy solícitos hasta la intolerancia alimentaria más extraña…, ¿y no es posible que las personas trans puedan ir al baño que quieran? Uno de los rasgos incuestionables de toda sociedad es atender las diversas necesidades culturales, médicas o religiosas. Esto no requiere mucha reflexión ni energía, sino solo cierta inversión económica cuando sea necesario realizar reformas materiales o arquitectónicas. Igual de obvio debería resultar que las personas trans dispongan de un espacio seguro. En las piscinas y en los colegios, pero también en las cárceles, en los centros de acogida para refugiados y en los centros de deportación. En marzo de 2016, la ONG Human Rights Watch publicó *Do you see how much I'm suffering here?* [¿Pueden ver cuánto estoy sufriendo?], un informe sobre los abusos sufridos por mujeres trans refugiadas y encerradas en cárceles y centros de internamiento para hombres situados en Estados Unidos[46]. El informe documenta cómo las refugiadas trans no son alojadas en cárceles para mujeres, sino en centros para hombres debido al género que les fue «originalmente» asignado al nacer. Allí, no solo deben someterse a registros físicos por parte del personal masculino, sino que regularmente son víctimas de agresiones violentas. Como el propio personal de la institución ha reparado en los brutales abusos y torturas que sufren las refugiadas trans en este entorno, a menudo las trasladan a celdas de aislamiento «para protegerlas». En virtud de esta lógica, una práctica cruel, normalmente empleada para castigar a los presos, se transforma en un modo, en teoría respetuoso, de proteger a las personas trans.

Toda esta reglamentación y esta disciplina a nivel estatal y social ¿solo es necesaria porque el cuerpo o el género deban coincidir estrictamente con las categorías de «naturalidad» y «autenticidad»? Todo este sufrimiento individual y colectivo, toda esta exclusión y toda la patologización ¿deben ser aceptados por la sociedad porque haya un orden supuestamente original que se considera inalienable? ¿Qué autoridad se le atribuye a una naturaleza, en teoría estática, que resulta ser inalienable única y exclusivamente cuando se trata de estigmatizar a las personas trans, convirtiéndolas en «los otros»?

El artículo 2 de la Constitución alemana garantiza *el derecho al libre desarrollo de la personalidad,* a la vida, a la *integridad física,* y protege *la libertad de la persona.* No pone que se garantiza «el desarrollo medianamente libre de la persona», tampoco «el desarrollo libre solo de aquellas personas que se atengan a la asignación de género certificada al nacer», ni tampoco «la libertad solo de aquellas personas que respondan a la idea tradicional de masculinidad y feminidad "naturales"». Lo que dice es: «el derecho al libre desarrollo de la personalidad». En ningún sitio está escrito que una persona no pueda cambiar o desarrollarse; antes bien: lo que la Constitución alemana protege es precisamente la libertad de acción del individuo, siempre y cuando no vulnere las libertades de los demás. La Constitución es de todos, no solo de la mayoría. Y se debe a todos, también a los que, por la razón que sea, se distinguen de la mayoría.

Las personas trans no deben argumentar por qué desean el mismo reconocimiento que los demás. Las personas trans no tienen por qué explicar que gozan de los mismos derechos subjetivos, que merecen la misma protección por parte del legislador ni que pueden acceder a los mismos espacios públicos que el resto. Las personas trans no han de justificar cómo quieren vivir. Las personas trans no deben argumentar por qué tienen derecho al libre desarrollo de su personalidad. Son todos los que pretenden negarles ese derecho quienes deben explicarse. Es hora de que la ley de los transexuales sea reformada, de modo que el derecho de autodeterminación de estas personas se cumpla, aun cuando no medie un diagnóstico previo. Sería razonable pensar en la mera tramitación de una solicitud, como ocurre en Portugal o Argentina: debería ser posible solicitar una rectificación de la mención registral del género, que podría quedar acreditada mediante un sencillo certificado[47].

«Lo más interesante de esta peculiaridad del griego es que la secuencia *men...*, *de...* no necesariamente expresa una oposición», explica Daniel Mendelsohn. «En ocasiones —es más, con frecuencia—, se emplea simplemente para unir dos conceptos, cantidades o nombres, une en lugar de separar, multiplica en lugar de dividir.»[48]

Sería maravilloso que esta manera de ver las cosas fuese calando de un modo calmado y sereno: que la estructura que parecía articular la polarización se convirtiera en una forma que da pie a múltiples combinaciones y relaciones. Nadie pierde nada, a nadie se le arrebata nada, nadie tiene por qué cambiar si una sociedad también reconoce a las personas trans el derecho a desarrollarse libremente. A ninguna persona y a ninguna familia se le impedirá vivir según sus propias ideas de masculinidad y feminidad. Solo se trata de otorgar a las personas trans, en calidad de seres sanos, vivos y libres, los mismos derechos subjetivos y la misma protección estatal de los que gozan los demás. Esto no merma los derechos de nadie y no supone ningún agravio comparativo, sino que amplía el espacio en el que todos podemos convivir como seres libres e iguales. Es lo mínimo que se debe hacer. No podemos dejar que sean las personas trans quienes reclamen su derecho al libre desarrollo de la personalidad. No es posible que solo quienes son excluidos o despreciados deban luchar por su libertad y sus derechos. En interés de todos, es importante que también todos gocemos de la misma libertad y de los mismos derechos.

PURO

Tienen la cabeza repleta de ganas de aniquilar y
de la certeza de que actúan impunemente.
Klaus Theweleit, *Das Lachen der Täter*

Otra estrategia para definir al propio grupo o la propia ideología como algo superior y distinguir el «nosotros» de los «otros» consiste en recurrir a aquellos relatos que afirman la propia «pureza». El *sibbólet* que designa a unos como miembros del propio grupo y a otros como enemigos separa a los supuestamente «inmaculados» de los supuestamente «mancillados». Quien es declarado sucio o impuro debe ser excluido y castigado. Este tipo de propaganda basada en la pureza es la que emplea el yihadismo salafista —el programa ideológico de la red terrorista del autodenominado Estado Islámico de Irak y el Levante o EI— y con ella pretende rebasar su propio grado de violencia.

Ahora bien, cabría plantear la siguiente objeción: ¿por qué analizar la doctrina de un grupo terrorista? ¿Es que no basta con saber cómo matan premeditada y arbitrariamente a personas en Beirut o Túnez, en París o Bruselas, en Estambul o en Al Raqa? ¿No basta con recordar los abominables asesinatos de niños en Toulouse solo por ser judíos? ¿O las muertes provocadas en un supermercado *kósher* de París?

¿O los asesinatos perpetrados en el museo judío de Bruselas? ¿Todo porque las víctimas eran judías? ¿No basta con recordar el atentado contra la redacción de la revista satírica *Charlie Hebdo*, en el que varias personas perdieron la vida únicamente por dibujar y por creer en la libertad de la crítica y del humor, aun cuando puedan resultar molestos? ¿O la masacre en la sala Bataclan de París, donde murieron jóvenes musulmanes, cristianos, judíos y ateos porque querían salir a divertirse y escuchar música en un lugar cuyos anteriores propietarios eran judíos?[49] ¿O la masacre de la playa de Túnez, donde varias personas que estaban descansando fueron asesinadas de forma aleatoria y arbitraria? ¿O el asesinato de un policía y su esposa en Magnanville? ¿No basta con saber cómo en Irak y en Siria las yazidíes son esclavizadas sexualmente y torturadas? ¿Cómo los gais sirios e iraquíes son arrojados al vacío desde una muralla por el mero hecho de amar o desear de un modo diferente?[50]

¿Qué papel desempeña la ideología en este caso, si es que desempeña alguno? Son actos terroristas perpetrados por una banda de criminales que se asemejan a los cárteles mafiosos de los narcos mexicanos (en lo que respecta a su brutalidad, a la práctica del secuestro y a la extorsión, la comunicación a través de los medios con objeto de propagar el miedo y el terror y su carácter internacional). ¿Por qué detenerse a analizar su retórica programática? Tras los atentados de París, el presidente Barack Obama describió a los terroristas como «un puñado de asesinos con buenos medios sociales». Analizar cualquier dogma que rija una organización que mata a escala internacional ¿no raya en la banalización?

Will McCants, uno de los mayores expertos en el Estado Islámico y director del proyecto «Las relaciones de Estados Unidos con el mundo islámico» del Instituto Brookings de Estados Unidos, escribe: «Aunque llevo diez años estudiando la cultura yihadista, me sigue pareciendo tan asombroso como repulsivo que consiga entusiasmar a las personas hasta el punto de convencerlas para quitar la vida a inocentes»[51]. Es necesario explicar cómo una persona puede llegar a matar otras. Cómo se la prepara para dejar de ver a los demás como seres humanos. Qué patrones de odio se activan para que, sin vacilar, torturen y asesinen a niños, mujeres y hombres. Cómo se las entrena para acabar con la vida ajena y sacrificar la propia en aras de un propósito supuestamente más elevado... o para ser vistas por su propio público, que se deleita con semejante espectáculo de violencia obscena.

En ocasiones, ante todo lo relacionado con el Estado Islámico reaccionamos como si ya nada pudiera sorprendernos. Los atentados se condenan unánimemente, pero el estupor producido por el hecho de que esas personas sean capaces de matar de un modo tan cruel va remitiendo, como si la mera acumulación de atentados cometidos por el Estado Islámico hubiese dado paso a una cierta habituación. Como si bastara con decir: eran miembros del EI y, con ello, quedase claro cómo esas personas aprenden a sentir semejante odio, cómo son llevados al punto de despreciar a otros y considerarlos seres carentes de valor. Esta peculiar actitud entraña el riesgo de trivializar la violencia, como si el terror del EI fuera una especie de ley natural, como si el terror islamista respondiese a un automatismo y no tuviera un origen específico.

Sin embargo, el odio y la violencia, incluidos los de corte islamista, no están simplemente ahí. No se derivan «del islam». No son verdaderamente musulmanes. Son productos *fabricados*. Fabricados por una organización terrorista con una ideología totalitaria. Sin duda, los estrategas terroristas hacen referencia a textos islámicos, pero la interpretación pseudorrigorista y exaltadora de la violencia que hacen de esos textos se contradice con la de casi todos los intelectuales musulmanes. En una carta abierta dirigida a los miembros del EI en 2015, 120 intelectuales musulmanes muy influyentes criticaron la ideología de la organización calificándola de claramente *antiislámica*. Entre ellos, no solo los reformistas particularmente liberales se manifestaban en contra del Estado Islámico, sino que también estaban el gran muftí de Egipto, el jeque Shawqi Allam, así como el jeque Ahmad al Kubaisi, fundador de la Organización de Ulemas de Irak. Además, había otros intelectuales procedentes de Chad, Nigeria, Sudán y Pakistán[52]. En sus textos, los estrategas del EI escogen las fuentes de autoridad que más les convienen. Citan frases sueltas sacadas de contexto. Leen y utilizan pasajes aislados sin considerar el resto del texto. Su exégesis deforma y pervierte el islam, en eso están de acuerdo los intelectuales musulmanes.

La violencia del Estado Islámico no estalla de repente. Las marionetas que la ejecutan, quienes son manipulados para cometer atentados suicidas o hacer la guerra en Siria y en Irak deben ser instruidos para participar de un régimen de miradas en el que los otros no son más que enemigos y, por tanto, pueden ser asesinados impunemente. Los moldes en los que se vierte este odio contra las mujeres, los judíos, los gais, los chiíes y todos los musulmanes que son excluidos por considerarlos unos renegados dan lugar a numerosos vídeos y escritos, sermones y poemas que se transmiten a través de conversaciones, en la red y en la calle.

Como ya se ha mencionado al comienzo de este libro, el hecho de no limitarse a condenar el odio y la violencia, sino además observar su funcionamiento, siempre implica señalar en qué casos habría sido posible hacer *otra* cosa, cuándo alguien podría haber tomado *otra* decisión, en qué circunstancias alguien podría haber *intervenido*, cuándo alguien podría haber *renunciado*. No conformarse con reprobar el odio y la violencia, sino analizar las estrategias retóricas, las metáforas y demás imágenes que los generan y los canalizan entraña siempre la determinación de mostrar aquellos puntos del entramado narrativo por donde el odio y la violencia pueden ser interrumpidos o socavados[53].

Incluso quienes argumentan que, en el caso del Estado Islámico, no se trata tanto de una radicalización de los islamistas como de una islamización de los radicales, deben analizar cómo esta red terrorista consigue reclutar seguidores procedentes de entornos muy heterogéneos y movilizarlos en defensa de una teología nihilista. Estudiar las estrategias discursivas e icónicas del EI, su ideología y su autoconcepto también es una condición necesaria para combatir el terrorismo por la vía militar y policial. En unos comentarios originalmente confidenciales publicados en 2015, el general Michael K. Nagata, responsable de las fuerzas especiales estadounidenses destacadas en Oriente Próximo, se expresaba en estos términos sobre los problemas detectados en la lucha contra el terror: «No entendemos este movimiento y, sin entenderlo, no podremos derrotarlo. No hemos derrotado la idea. Ni siquiera la hemos entendido»[54].

Si se trata de analizar el germen del odio (y no solo del terrorismo o de la violencia organizada), los mecanismos de exclusión y los procesos de radicalización progresiva del pensamiento con objeto de detectarlos lo antes posible, también el entorno social, la vecindad, el círculo de amistades, la familia, así como la comunidad virtual, deben esforzarse en prevenir el fanatismo. Esta perspectiva de las estructuras que condicionan y canalizan el odio y de los discursos que comienzan legitimando la violencia para después ensalzarla multiplica las tareas y las posibilidades de actuación por parte de la sociedad civil. La resistencia al fanatismo no ha de delegarse exclusivamente en las fuerzas de seguridad, que son las que deben intervenir ante la acumulación de indicios de un posible delito, sino que la defensa de una sociedad abierta y plural en la que haya espacio para la diversidad religiosa, política y sexual es tarea de todos.

Aunque el ascenso del Estado Islámico debe situarse históricamente en el contexto de la evolución política y social de Irak y Siria en los últimos años, aquí analizaremos dicho movimiento como una renovación revolucionaria e ideológica de la yihad salafista. En opinión de Fawaz A. Gerges, de la London School of Economics, son principalmente tres los documentos o escritos que sustentan y perfilan la visión del mundo salafista-yihadista: por una parte está el manifiesto de 286 páginas titulado *La gestión de la barbarie*, escrito por Abu Bakr al Nayi a principios de la década de 2000; por otro, la *Introducción a la jurisprudencia de la yihad*, de Abu Abdulah al Muhayer y, por último, *Los puntos esenciales de la preparación de la yihad*, de Sayid Imam al Sharif, conocido como Dr. Fadl[55]. Entre los propios miembros del EI o entre quienes se declaran simpatizantes del movimiento al cometer sus asesinatos, solo una minoría habrá estudiado estas fuentes. Sin embargo, son textos enormemente útiles para entender el concepto que tiene el Estado Islámico de sí mismo. Es probable que los escasos discursos de su líder, Abu Bakr al Bagdadi, y los mensajes de audio que el portavoz oficial, Abu Mohamed al Adnani, difunde por distintos medios sean más conocidos[56]. Según el colaborador del semanario alemán *Die Zeit* y experto en terrorismo Yassin Musharbash, a esto habría que sumar los discursos del fundador de Al Qaeda en Irak, Abu Musab al Zarqawi[57]. Por último, los vídeos propagandísticos de sofisticada factura, como el de 36 minutos titulado *Sobre la metodología profética* publicado en agosto de 2014, gozan de especial popularidad[58].

¿Cuál es la historia que el Estado Islámico cuenta sobre sí mismo? ¿Cuál es el «nosotros» que se genera y se fundamenta y cómo se conforma ese esquema de odio que motiva y capacita a las personas para torturar y asesinar a otros? Al leer los principales textos y discursos del EI, lo primero que salta a la vista es la promesa de un movimiento inclusivo. En un discurso pronunciado en 2012 y titulado *Mensaje a los muyahidines y a la nación islámica en el mes de Ramadán*, Abu Bakr al Bagdadi dice lo siguiente: «Tenéis un Estado y un califato en los que árabes y no árabes, blancos y negros, orientales y occidentales, todos somos hermanos»[59]. Resulta contradictorio que el EI se conciba como un Estado, pero también como una estructura territorial potencialmente abierta que no respeta las fronteras de las naciones ya existentes[60]. El Estado Islámico funda un califato más allá de las fronteras nacionales, de ámbito flexible y cuya capacidad de atracción debe estar abierta a todos. «El Estado islámico no reconoce fronteras artificiales ni una nacionalidad distinta de la del islam». Así, el mensaje que Al Bagdadi dirige a los muyahidines apela a un *nosotros* claramente *transnacional*. Árabes y no árabes, fieles blancos y negros, de Oriente y de Occidente, deben unirse en la lucha contra el laicismo, la idolatría, «los infieles», «los judíos» y «quienes los amparan».

El odio del Estado Islámico tiene, en primer lugar, una función igualadora. Apela a (casi) todos para que se unan a la vanguardia de la yihad que el propio EI representa: jóvenes y mayores, hombres y mujeres, ciudadanos de países árabes limítrofes, de Chechenia, Bélgica, Francia y Alemania; su color de piel es tan irrelevante como su origen social; pueden haber dejado de estudiar o tener aprobado el examen de acceso a la universidad, ser oficiales del antiguo ejército iraquí de Saddam Hussein o no tener ninguna formación militar[61]. Todo el que desee sumarse a la causa y abrazar la doctrina difundida por Al Bagdadi será bienvenido, con la promesa de ser recompensado con un grado de autoridad sobre los demás: «Los musulmanes gobernarán en todo el mundo»[62].

Por lo tanto, aunque asegura basarse en una supuesta apertura a todos los que quieran sumarse a ella, la ideología del Estado Islámico promete al mismo tiempo un estatus superior. Todo el que se una al EI será poderoso o, al menos, libre. Todos los demás son degradados. Así, el EI adquiere por una parte una *función igualadora*, mientras que, por otra, aspira a presentarse como un *mecanismo diferenciador*. El Estado Islámico quiere representar a una vanguardia yihadista con ambiciones imperiales y pretende re-vivir (e imponer por medio de la violencia) una versión «original» del islam atribuida a los llamados ancestros piadosos *(al salaf al salih)*. Sigue sin estar claro hasta qué punto esta referencia genealógica a una versión medieval del islam tiene rigor histórico o si no se trata, más bien, de un invento contemporáneo. Lo decisivo, sin embargo, es la retórica del retorno y del renacimiento de un islam supuestamente «auténtico»[63].

Aquí nos ocuparemos específicamente del proyecto de un islam suní. De hecho, el islam chií es denunciado y despreciado por considerarlo radicalmente distinto. Se trata, pues, de la visión paradójica de un panislamismo suní que practica una política identitaria hipersuní al tiempo que predica un yihadismo universal[64]. El Estado Islámico se presenta como un movimiento ilimitado y limitado, inclusivo y excluyente a la vez. En su trabajo sobre la pureza y el peligro, la antropóloga Mary Douglas escribe: «No es difícil ver cómo las creencias de contaminación pueden usarse en un diálogo de reivindicaciones y contra-reivindicaciones de una categoría social»[65]. Mediante el culto a la pureza, el EI reclama el estatus más elevado posible.

Es probable que el gran atractivo del movimiento radique justo en la doble promesa de recibir una invitación incondicional a formar parte de un nosotros atemporal, por un lado, y, por otro, a sentirse un musulmán «mejor», «auténtico» y «verdadero». En eso consiste la fuerza de atracción inclusiva para todos los europeos musulmanes que no se sienten parte de ningún sitio ni se identifican con una misión histórica. Para los que se sienten excluidos porque siempre han sido tratados como ciudadanos de segunda; para los que la promesa de libertad, igualdad y fraternidad no es más que una expresión vacía; para los que subsisten en un entorno caracterizado por el desempleo y la delincuencia y no tienen perspectivas de encontrar un trabajo; para los que, simplemente, no saben qué hacer con su vida; para aquellos que buscan un sentido o una simple motivación; para todas estas personas, dicha invitación puede resultar muy tentadora. Así, se dejan seducir por la simulación de una comunidad en la que, supuestamente, todos son bienvenidos, pero que obedece a un orden tan antiindividualista y autoritario que acaba despojando a todos y cada uno de su singularidad. Si bien el Estado Islámico ofrece fama a título personal, y en especial medios como la revista digital *Dabiq* se dedican a contar historias personales sobre combatientes y sus operaciones militares, el sistema del EI castiga sin reparos cualquier desviación o «deslealtad» no deseada[66].

Los enemigos reales o imaginarios de este proyecto ultraconservador de (auto)limpieza radical no solo son los cristianos o los judíos, sino todos los que quedan excluidos bajo la acusación de apostasía. En el manifiesto titulado *La gestión de la barbarie*, la misión del movimiento consiste en liberar a la comunidad musulmana de la «degradación» de la que es víctima. «Occidente» y las antiguas potencias coloniales no son los únicos responsables de la caída del islam, que también obedece a todas las distracciones a las que los creyentes musulmanes han sucumbido. «El poder de las masas se ha visto limitado y su autoconfianza se ha debilitado por innumerables distracciones.»[67] El manifiesto rebosa desprecio hacia todos los musulmanes que se distraen de la obligación contraída con Dios. Entre los supuestos factores que debilitan a los creyentes de forma indecorosa se cuentan «los placeres de los órganos sexuales y del estómago», el ansia de riqueza y «los medios engañosos». Lo que quiera que impida a los musulmanes honrar al único Dios verdadero de un modo puro se considera corrupto y «sucio». El orden que el EI desea imponer por medio de la violencia es rigurosamente piadoso y está higiénicamente libre de cualquier tipo de pasión nociva[68].

Los escritos a los que el Estado Islámico se remite difunden un relato apocalíptico: la violencia de la yihad ofensiva debe ir aumentando cualitativa y estratégicamente en varias fases. Cualquier caos y cualquier tipo de inestabilidad son expresamente bienvenidos para alcanzar el reino de Dios. El enemigo debe ser «masacrado y desterrado». Cualquier tipo de interés por el otro, cualquier cuestionamiento de la violencia como instrumento, se descalifica por ser una muestra improcedente de debilidad: «Si renunciamos a emplear la violencia en nuestra guerra santa y nos volvemos débiles, este será el principal factor que menoscabe nuestra fuerza»[69].

Se trata, por tanto, de una visión dualista del mundo que solo conoce el mal y el bien absolutos. No ha lugar ni a cualquier zona intermedia, ni a cualquier diferenciación y ni a cualquier ambivalencia. Eso es lo que caracteriza a todos los fanáticos y fundamentalistas, que en ningún momento dudan de sus convicciones. Cualquier reflexión, cualquier argumento y cualquier cita deben ser absolutamente inequívocos. Y eso es lo que caracteriza a los regímenes autoritarios: que no dejan espacio social ni político para el disenso. Así se explica cómo hasta las masacres más crueles, las decapitaciones o la quema de rehenes quedan «justificadas». Esto tal vez sea lo que más sorprende al ver algunos de los vídeos de las ejecuciones del Estado Islámico: su enfoque claramente «didáctico». Cualquier acción, por brutal que sea, cualquier exhibición de desprecio hacia el ser humano, por insoportable que sea, se presenta desde una perspectiva «pedagógica» y se complementa con una «justificación». Las ejecuciones, pero también la destrucción premeditada de una mezquita o de edificios chiíes se insertan en un relato que convierte estos actos en algo «necesario». Hasta en el caso de la violencia más arbitraria, se debe evitar por todos los medios la impresión de arbitrariedad. Cualquier forma de placer generada por la puesta en escena y cualquier forma de gozo sádico producida por la tortura de seres humanos deben verse desprovistas del factor individual y subjetivo. Según este relato, cualquier acción cometida en nombre del Estado Islámico debe tener una explicación teológica formal y responder a un «motivo» salafista-yihadista. Sin embargo, esta relación placentera con la violencia, tan evidente para algunos, no basta. La violencia debe cobrar un sentido. No es tanto que los «motivos» esgrimidos sean ciertos como que el odio y la violencia nunca deben parecer aleatorios, sino siempre premeditados y controlados. El terror debe tener una lógica, la lógica de un orden que desea reflejar su autoridad legítima en cada uno de sus actos. Esta continua necesidad de explicarse tiene un doble destinatario y encierra un doble mensaje: por una parte, se demuestra hacia fuera que no se trata de un simple grupo guerrillero desorganizado, sino de un Estado legítimo y poderoso, capaz de comunicarse a través de sofisticados medios técnicos y con una estética propia de la cultura popular; por otra, se demuestra hacia dentro que no hay espacio para las decisiones individuales ni las aspiraciones democráticas. La comunicación constante impone un discurso hegemónico que anuncia sin descanso el advenimiento del régimen totalitario del Estado Islámico.

Ahora bien, el eje por el que transita el *culto a la pureza* del EI no solo es vertical, sino también horizontal. Por una parte, tal y como se ha descrito, el estricto programa del Estado Islámico toma una dirección teológico-genealógica cuando remite a las prácticas y convicciones de los ancestros (o bien se las inventa para que sirvan de modelo en el presente); por otra, el afán de pureza también afecta a las sociedades modernas y culturalmente híbridas, tanto en los países árabes como en Europa. Las categorías de «el otro», lo sucio y lo impuro no solo aluden a las deformaciones supuestamente corruptas que reniegan del islam, sino, ante todo, a la modernidad ilustrada y su concepción de un Estado laico que permite la diversidad cultural y religiosa. En eso consiste el auténtico *otro absoluto* según el dogma del EI: en la pluralidad, la convivencia dentro de la diversidad y la legitimación de un Estado decididamente laico, al margen de una religión particular.

En un mensaje de 2007 titulado *Me baso en una prueba clara venida de mi Señor,* el antiguo líder del Estado Islámico, Abu Bakr al Bagdadi, afirma: «A pesar de sus diversas banderas y partidos, creemos que el laicismo [...] es una clara irreligión opuesta al islam; quien lo practica no es un musulmán»[70]. Esta cita es interesante, ya que, para el EI, el laicismo debe considerarse una irreligión, algo teóricamente opuesto al islam. Sin embargo, el laicismo no es una religión y resulta llamativo que, a pesar de todo, el EI crea que debe negarlo expresamente. Es más, el otrora líder del Estado Islámico insiste en que «la práctica del laicismo» es antiislámica e impropia de un musulmán, lo cual suena como si el laicismo fuese una religión particular que impone la práctica de la oración y el peregrinaje. Es curioso, ya que el laicismo hace referencia a un Estado que basa su autoridad en un concepto expresamente postmetafísico y desvinculado de cualquier poder eclesiástico.

Sin embargo, la ideología de la pureza no permite que distintas creencias y prácticas religiosas convivan, que un Estado se considere ilustrado y competente para atender a todos, con independencia de la confesión de cada cual, que una sociedad pueda dotarse de un orden democrático y laico en el que todos los ciudadanos tengan los mismos derechos subjetivos, puedan practicar su religión y vivir según sus creencias y compartan la misma dignidad. Nada parece repeler más al Estado Islámico que la mezcla cultural o religiosa. Todo lo que sea híbrido y plural se opone a ese fetichismo de la pureza. A este respecto, los ideólogos fanáticos del EI se asemejan a la nueva derecha europea: desde un punto de vista cultural, lo «impuro», la convivencia pacífica de las distintas creencias, se convierte en el enemigo. Para ellos, la idea de que el islam pueda pertenecer a Europa, de que en las democracias abiertas de este continente los musulmanes puedan disfrutar del mismo reconocimiento que otros creyentes o que los ateos que respetan la Constitución es tan inconcebible como rechazada.

Esto también explica por qué, con motivo de la crisis humanitaria de los refugiados y el proceso de acogida en Europa, el Estado Islámico haya puesto en marcha una propaganda activa contra la política de Angela Merkel. Al menos cinco mensajes de vídeo fueron advertencias dirigidas a los refugiados para que no viajaran a Europa[71]. En ellos, los musulmanes que conviven con judíos, cristianos e «infieles» son duramente criticados. A diferencia de lo que sugieren los agitadores de la derecha, el gesto humanitario de acoger a los refugiados no significa apoyar al EI, antes al contrario: cualquier gesto, ley o actuación que brinde a los refugiados musulmanes un trato justo, una bienvenida franca y una oportunidad real de inclusión en Europa representa una amenaza directa para la ideología islamista. Además, el hecho de que el Estado Islámico utilice las rutas de los refugiados para infiltrar a terroristas potenciales en Europa supone un riesgo nada desdeñable desde el punto de vista de la estrategia policial y la política de seguridad. Sin embargo, esto no altera en absoluto la estrategia programática y militar del EI, cuyo objetivo es dividir Europa por medio de sus atentados y su propaganda. La polarización entre una Europa musulmana y otra no musulmana es uno de los objetivos explícitos de la yihad. La racionalidad perversa, pero consecuente, del EI confía en que, con cada atentado perpetrado en Europa o en Estados Unidos, la opinión pública castigue a la población musulmana del país correspondiente, a ser posible como colectivo. Los musulmanes que vivan en los Estados laicos modernos deben ser objeto de una sospecha generalizada, quedar aislados y excluidos; solo así podrán desvincularse de las democracias modernas, apartarse y unirse al Estado Islámico. Cualquiera que, tras un atentado islamista, condene a todos los musulmanes, cualquiera que les niegue los derechos fundamentales o su dignidad y cualquiera que asocie a los musulmanes exclusivamente con la violencia o el terrorismo lo que hace es cumplir punto por punto el sueño islamista de una Europa dividida y contribuir involuntariamente a fomentar el culto a la pureza.

Por eso, es decisivo que la Europa ilustrada se siga sintiendo deudora de una modernidad laica y abierta. No solo se trata de continuar tolerando la diversidad cultural, religiosa y sexual, sino también de celebrarla. Solo donde hay pluralidad puede florecer la libertad del que es diferente, del que piensa de un modo distinto. Solo en una sociedad liberal puede haber espacio para la contradicción, las dudas sobre uno mismo y la ironía como género representativo de lo ambiguo.

III. Elogio de lo impuro

«Nosotros» no es la adición ni una yuxtaposición
de los «yo».
Jean-Luc Nancy, *Ser singular plural*

En los 28 volúmenes de la *Enciclopedia,* el compendio del saber ilustrado que Denis Diderot y Jean-Baptiste Le Rond d'Alembert publicaron entre 1751 y 1772, se encuentra una definición de «fanatismo» que sigue en vigor. La entrada elaborada por Alexandre Deleyre reza: «El fanatismo es un celo ciego y apasionado que nace de las opiniones supersticiosas y lleva a cometer actos ridículos, injustos y crueles; no solo sin vergüenza ni remordimiento, sino incluso con una suerte de goce y de consuelo»[1]. Esto también es común a los fanáticos contemporáneos: rodearse de dogmas y supersticiones que incitan al odio y lo «justifican». Además, sin ningún tipo de pudor ni arrepentimiento, unas veces defienden posturas simplemente ridículas, otras llevan a cabo acciones injustas y otras, crueles. En ocasiones, su modo incontrolado de difundir las teorías de la conspiración más peregrinas resulta hasta divertido. Pero esa hilaridad pronto se desvanece cuando la superstición que la provoca sirve para afianzar una doctrina capaz de movilizar a terceros. Cuando se alimenta el odio para amedrentar a los demás, para denunciarlos y estigmatizarlos, para arrebatarles su espacio y su lengua, para ofenderlos y atacarlos..., en ese caso, la situación no tiene nada de divertido. Por más que se trate de un fanatismo vinculado ya sea a la idea de una nación homogénea, ya sea a un concepto racista de pertenencia a un «pueblo» entendido como *ethnos*, ya sea a una idea pseudorreligiosa de «pureza», todas estas doctrinas comparten un mecanismo iliberal de inclusión y exclusión tanto arbitrarias como premeditadas.

Si hay algo de lo que los fanáticos dependan como consecuencia de su dogmatismo, eso es la univocidad. Necesitan una doctrina pura que les hable de un pueblo «homogéneo», una religión «verdadera», una tradición «original», una familia «natural» y una cultura «auténtica». Necesitan códigos y consignas que no permitan ningún tipo de objeción, ambigüedad o ambivalencia; y ese es, precisamente, su punto más débil. El dogma de la pureza y la sencillez no se puede combatir por medio de la adaptación mimética. Es absurdo enfrentarse al rigorismo con rigorismo, a los fanáticos, con fanatismo, a los que odian, con odio. La antidemocracia solo se puede combatir por la vía democrática y con los instrumentos del Estado de derecho. Si una sociedad liberal y abierta quiere defenderse, solo lo logrará mientras siga siendo liberal y abierta. Si la Europa moderna, laica y plural es atacada, no puede dejar de ser moderna, laica y plural. Si unos fanáticos religiosos o racistas pretenden dividir la sociedad en categorías basadas en la identidad y la diferencia, se requieren alianzas solidarias que piensen en términos de semejanza entre los seres humanos. Si los ideólogos fanáticos presentan su concepción del mundo como una simplificación de trazo grueso, no se trata de superarlos en su reduccionismo y superficialidad, sino que es preciso diferenciar.

Esto implica no responder al esencialismo de los fanáticos con argumentos igualmente esencialistas. Por ello, la crítica y la resistencia frente al odio y el desprecio siempre deberían dirigirse contra las estructuras y las condiciones que los hacen posibles. No se trata de demonizar a las personas como tales, sino de censurar e impedir sus actos verbales y no verbales. Y, cuando se cometan delitos justiciables, sus autores deben ser obviamente perseguidos y, siempre que sea posible, condenados. Ahora bien, para combatir el odio y el fanatismo basados en la pureza también es necesaria la resistencia civil —tanto a nivel colectivo como individual— contra las técnicas de exclusión e inclusión, contra los esquemas de percepción que hacen visibles a unos e invisibles a otros y contra los regímenes de miradas que solo ven a los individuos como representantes de un colectivo. Es preciso oponerse con valentía a todas esas pequeñas formas cotidianas de humillación y degradación, así como promover leyes y prácticas de colaboración y solidaridad con los excluidos. Esto requiere de otros relatos que den visibilidad a las perspectivas y a las personas diferentes. Solo si sustituimos estos esquemas de odio, si «hallamos semejanzas donde antes solo había diferencias», podrá surgir la empatía[2].

La resistencia frente al fanatismo y al racismo no solo afecta a su contenido, sino también a su forma.

Esto *no* significa, por tanto, que uno mismo deba radicalizarse. Esto *no* significa que a través del odio y la violencia haya que alimentar el escenario fantástico de una guerra civil (o del apocalipsis). Más bien se necesitan medidas de intervención económica y social en aquellos lugares y estructuras donde surge el descontento que se canaliza en forma de odio y violencia. Quien quiera combatir el fanatismo de manera preventiva deberá preguntarse por qué para tantas personas su vida vale tan poco que están dispuestas a sacrificarla por una ideología.

Ante todo se requiere un alegato en defensa de lo impuro y lo diferente, pues esto es lo que más molesta a quienes odian y a los fanáticos que viven centrados en el fetichismo de la pureza y la austeridad. Es necesaria una cultura de la duda ilustrada y de la ironía, ya que estos son los géneros del pensamiento que los fanáticos rigoristas y los dogmáticos racistas rechazan. Dicho alegato en defensa de lo impuro debe ser más que una promesa vana. No solo ha de centrarse en reafirmar la pluralidad en las sociedades europeas, sino que requiere importantes inversiones en materia política, económica y cultural que favorezcan ese tipo de convivencia inclusiva. ¿Por qué? ¿Por qué la pluralidad debe ser un valor? ¿Acaso una doctrina no sustituye a otra? ¿Qué significa la pluralidad para quienes temen que la diversidad cultural o religiosa limite sus propias prácticas y convicciones?

Hannah Arendt escribió en *La condición humana*: «[L]os hombres en plural, o sea, los que viven, se mueven y actúan en este mundo, solo experimentan el significado debido a que se hablan y se sienten unos a otros a sí mismos»[3]. Para Hannah Arendt la pluralidad es, en primer término, un *factum* empírico irrebasable. No hay un solo ser humano que exista individual y aisladamente, sino que en este mundo vivimos en un número mayor, es decir, en plural. Ahora bien, en la era moderna, «pluralidad» no significa multiplicar un modelo primigenio, una norma prefijada a la que los demás deban adecuarse. Antes bien, para Arendt, la *condition humaine* y la acción humana se caracterizan por esa pluralidad debida «a que todos somos lo mismo, es decir, humanos, y por tanto nadie es igual a cualquier otro que haya vivido, viva o vivirá»[4]. Esta definición contradice con elegancia la idea de identidad y diferencia que se tiene habitualmente. En este caso se trata, más bien, tanto de la pertenencia común —en calidad de seres humanos— a un «nosotros» universal como de nuestra singularidad como individuos inconfundibles. El plural del que aquí se habla no es un nosotros estático, ni una masa homogeneizada a la fuerza. En la estela de Hannah Arendt, el plural se conforma a partir de la variedad de singularidades individuales. Todos se asemejan, pero nadie es igual a nadie, esa es la «extraña» y mágica condición y posibilidad de la pluralidad. Cualquier norma que conduzca a una supresión de la singularidad del individuo contradice este concepto de pluralidad.

Según Jean-Luc Nancy: «Lo singular es de golpe *cada* uno, y por tanto también cada *con* y *entre* todos los otros»[5]. Por lo tanto, lo singular no es lo individual egoísta. Y lo plural no es la mera «adición ni una yuxtaposición de los "yo"». La individualidad solo es reconocible y factible en convivencia con y para los demás. Nadie es único si está solo, simplemente está solo. Necesita una convivencia social que refleje o refracte los propios deseos y necesidades. Un «nosotros» concebido exclusivamente como unidad monocromática no contempla la diversidad ni la individualidad; es decir: la diversidad religiosa y cultural, una sociedad heterogénea y un Estado laico que cree las condiciones y estructuras para que distintos proyectos vitales puedan coexistir en igualdad no solo no limitan las creencias individuales, sino que, de entrada, las hacen posibles y las protegen. *La pluralidad dentro de una sociedad no implica una pérdida de libertad individual (o colectiva), sino que es lo que garantiza dicha libertad.*

Los fanáticos pseudorreligiosos y los nacionalistas partidarios del racismo suelen pintar otro panorama: ellos defienden la existencia de un colectivo homogéneo, original y puro que, en su opinión, ofrecería mayor protección y estabilidad. Sostienen que una sociedad plural pondría en peligro la cohesión y socavaría la tradición que ellos tanto estiman. A esto cabe objetar, por un lado, que también la idea de Estado laico se enmarca en una tradición, concretamente en la ilustrada, y que además una tradición es algo que se *fabrica*, y, por otro lado, que la doctrina que defiende una nación pura y homogénea de ningún modo garantiza la estabilidad, ya que empieza por excluir todo aquello que considera supuestamente «ajeno», «hostil» o «no auténtico». Es precisamente ese concepto esencialista de comunidad el que no brinda ninguna protección. Solo una sociedad liberal que se considere abierta y plural y que no imponga ninguna directriz sobre proyectos vitales de carácter religioso o ateo logrará también proteger aquellas creencias o cuerpos diferentes a título individual, así como las ideas y prácticas distintas sobre lo que se considera una buena vida, el amor o la felicidad. Esto no es un mero argumento racional o normativo, como se suele aducir; el alegato en defensa de lo impuro alude a las necesidades afectivas de las personas como seres vulnerables y amedrentables. Reconocer la diversidad cultural de una sociedad moderna no significa en absoluto restar espacio a las distintas tradiciones o creencias religiosas. Reconocer una realidad globalizada no implica en ningún caso despreciar las distintas ideas de lo que es vivir bien.

Personalmente, la diversidad cultural, religiosa o sexual característica de un Estado de derecho laico me *tranquiliza*. Mientras vea que esa diversidad existe en el ámbito de lo público, sabré que se garantizan espacios de libertad en los que yo, como individuo con todas mis particularidades, anhelos, creencias y prácticas —posiblemente divergentes—, estoy protegido. Me siento menos vulnerable si sé que la sociedad en la que vivo permite y respeta que existan distintos proyectos vitales, así como convicciones religiosas y políticas diferentes. En este sentido, también me tranquiliza que existan formas de vida o de expresión de las que me siento bastante alejada. No me molestan. Tampoco me asustan. Al contrario, disfruto de los más diversos rituales y fiestas, usos y costumbres. Lo mismo da que la gente se divierta en una banda de tambores y cornetas, en el festival wagneriano de Bayreuth, en el estadio del FC Union Berlin o en el espectáculo *drag* Pansy Presents que se representa en Südblock, un espacio cultural del barrio berlinés de Kreuzberg; que crean en la Inmaculada Concepción o en la separación de las aguas del mar Muerto, que lleven una kipá, un pantalón de cuero tirolés o se vistan de *drag*: la vivencia y el respeto de la diversidad ajena no solo protege su individualidad, sino también la mía. En ese sentido, y por más que se argumente lo contrario, el alegato en defensa de lo impuro no es una simple doctrina «razonable» y racionalista en favor de la condición plural de una sociedad laica. Es más, me parece fundamental incluir y subrayar las preferencias afectivas: la diversidad cultural o religiosa no implica, *per se,* perder el sentido de pertenencia ni la estabilidad emocional, sino más bien al contrario: supone un enriquecimiento. El potencial de cohesión de una sociedad abierta y liberal no es inferior al de una provincia cerrada y monocultural. El vínculo afectivo se refiere exactamente a eso, al hecho de vivir en una sociedad que defiende y protege mis particularidades individuales, aunque ya no sean mayoritarias, aunque se hayan quedado anticuadas, sean demasiado modernas, raras u horteras. Una sociedad que se define expresamente como abierta e inclusiva, y que en todo momento se cuestiona si en realidad lo es, genera en sus miembros la confianza de que no van a ser excluidos ni atacados de forma arbitraria.

Existir realmente en plural significa sentir un respeto mutuo por la individualidad y la singularidad de todos.

No tengo por qué desear vivir como los demás o creer en lo que ellos creen. No tengo por qué compartir las costumbres y las convicciones de otros. No tienen por qué resultarme simpáticas ni comprensibles. También en eso consiste el enorme grado de libertad propio de una sociedad verdaderamente abierta y liberal, en no tener que gustarse mutuamente, pero sí tener que respetarse. Esto incluye expresamente todos los principios religiosos que, para algunos, pueden ser irracionales o inexplicables. Entre las libertades subjetivas también se cuentan explícitamente los proyectos vitales de carácter religioso que, en una sociedad abierta, tal vez se desvíen tanto de lo que hace la mayoría como otros proyectos menos tradicionales o ateos. El concepto de Estado laico no significa en absoluto imponer el ateísmo a todos los ciudadanos. Lo decisivo es que, cuanto menos esencialista, menos homogénea y menos «pura» se considere una sociedad, menos obligada se sentirá a tener que amalgamarse en un sentido identitario.

Algo ha caído en el olvido: el vocabulario propio de una sociedad abierta ha sido objeto de una degradación y un arrinconamiento progresivos. Hemos de volver a explicar, con todo detalle, lo que puede y debe significar *existir en plural*. Si queremos que la convivencia tenga sentido —y no solo para los que comen carne de cerdo, sino para todos—, debemos encontrar un lenguaje, hábitos y metáforas para expresar dicha pluralidad. No solo para hablar de quienes siempre han sido visibles y bienvenidos, sino también de aquellos sobre cuyas experiencias y opiniones se suele callar.

En una sociedad plural de esta naturaleza, ¿se producen conflictos? Claro que sí. ¿Hay distintas sensibilidades culturales o religiosas? Por supuesto que las hay. Pero no existen soluciones generales aplicables a esos conflictos que surgen entre determinadas demandas religiosas y los compromisos que una sociedad laica y plural exige, por su parte, a los creyentes. Antes bien, cada práctica conflictiva debe analizarse de forma específica con el fin de sopesar en qué medida ese determinado ritual es importante para una religión, qué derechos se ven vulnerados o conculcados mediante dicha práctica, hasta qué punto se ejerce la violencia contra una persona o con qué derecho se puede permitir dicho comportamiento. Desde un punto de vista filosófico y jurídico, dirimir los motivos para autorizar, limitar o prohibir una determinada práctica religiosa en el espacio público propio de una sociedad laica es un debate muy complejo. La cuestión de los límites de la libertad religiosa y de la relación entre laicismo y democracia precisa de un debate público más exhaustivo. Sí, todo esto requiere un esfuerzo, y habrá determinadas prácticas y rituales incompatibles con la Constitución que serán prohibidos (por ejemplo, el matrimonio forzoso de menores). Pero estos procesos de negociación constituyen el núcleo de una cultura democrática. No suponen un peligro para la democracia, sino que la refuerzan como proceso de aprendizaje deliberativo y abierto a la experiencia. Esto implica que cada creyente no solo se sienta comprometido con su fe, sino también con la sociedad laica y plural. Esto implica que cada creyente aprenda a distinguir entre los valores particulares y no generalizables y las normas constitucionales válidas para todos, con independencia de nuestra confesión o nuestras convicciones. Esto implica que la sociedad laica compruebe hasta qué punto lo es y si algunas instituciones, por ejemplo, las leyes, no dan prioridad a determinadas confesiones o Iglesias. Para que estos conflictos prácticos y filosófico-jurídicos y su correspondiente negociación puedan tener lugar, se requiere un cierto grado de confianza en los procesos democráticos.

Una sociedad democrática es un orden dinámico con capacidad de aprendizaje, lo cual presupone la disposición, tanto individual como colectiva, para asumir errores, tanto individuales como colectivos, para corregir injusticias históricas y perdonarse mutuamente. La democracia no es la dictadura de la mayoría, sino que pone a nuestra disposición procesos en los que no solo se decide y se vota, sino que también se debate y se delibera en común. Es un orden en el que todo lo que no sea lo bastante justo o inclusivo puede y debe reajustarse. Esto también precisa de una cultura del error, una cultura de debate público que no se caracterice únicamente por el desprecio mutuo, sino también por la curiosidad mutua. Para los representantes políticos, reconocer posibles errores en su forma de pensar y de actuar es tan elemental como para los medios de comunicación y los miembros de la sociedad civil. Y perdonarse mutuamente en alguna ocasión también forma parte del tejido moral de una democracia viva. Los condicionantes estructurales, así como los usos sociales de la comunicación a través de las redes, son un obstáculo cada vez mayor que impide generar esa cultura de debate que permita reconocer los propios errores y pedirse perdón.

En sus conferencias sobre Poética de Frankfurt, la escritora Ingeborg Bachmann habló una vez de un modo de pensar «que, para empezar, todavía no está preocupado por su orientación; un modo de pensar que quiere conocimiento y quiere alcanzar algo con el lenguaje y a través del lenguaje. Llamémoslo provisionalmente: realidad»[6]. Esto también es válido para una cultura y una opinión pública democráticas, donde la dirección no sea conocida o venga siempre dada, sino donde se pueda y se deba pensar y debatir de forma abierta y autocrítica. Cuanto más polarizado y amplio sea el debate público, más difícil resultará atreverse a pensar de esta forma, sin necesidad de seguir una dirección. Pero es precisamente esta búsqueda de conocimiento lo que se requiere. La búsqueda de los hechos, de descripciones de la realidad que no hayan pasado por el filtro previo del resentimiento ideológico. Todos y todas podemos y debemos participar en este proceso. La democracia no requiere de una pericia específica. El filósofo Martin Saar escribe: «Pues cualquiera conoce la libertad política y el ansia democrática de libertad, incluso aquel a quien le está vedada»[7].

Probablemente sea difícil conciliar las diversas experiencias y reminiscencias históricas y políticas de personas procedentes de distintos países, y no es posible ignorar esto como fuente potencial de conflictos. Por lo tanto, será fundamental seguir explicando y argumentando sobre determinadas constantes morales y políticas, como el recuerdo preventivo de los crímenes nacionalsocialistas. Dicho recuerdo también debe ser válido para quienes no tengan vínculos familiares con la Shoah. También los migrantes deben conocer esta referencia histórica y el horror que forma parte de la historia de Alemania. Esto significa que el recuerdo no solo se debe imponer por decreto, sino que es preciso explicar por qué puede y debe ser relevante para todos. Los migrantes deben tener la posibilidad de posicionarse política y moralmente ante esta historia, de percibirla como suya sin necesidad de tener un vínculo individual o familiar basado en la culpa y la vergüenza. Esta historia también les pertenece, ya que viven aquí y son ciudadanos de pleno derecho. Autoexcluirse de la reflexión sobre la Shoah implicaría autoexcluirse del relato político y del concepto que esta democracia tiene de sí misma.

En un diálogo publicado en la revista *Lettre*, el historiador del arte y filósofo francés Georges Didi-Huberman dijo: «No hay un modo de recordar ni una manera de relacionarse con la historia que no nazca de un deseo, es decir, de algo que apunte hacia el futuro»[8]. Esta bidireccionalidad del recuerdo, hacia el pasado y hacia el futuro al mismo tiempo, debe apercibirse. Solo el recuerdo capaz de extraer del terreno fértil de la historia un cometido orientado al futuro puede tener efecto y permanecer vivo. Solo una cultura del recuerdo que articule constantemente la esperanza de crear una sociedad inclusiva, una sociedad que no permita que un individuo o una colectividad sean estigmatizados como algo «ajeno» o «impuro», puede permanecer viva. Solo el recuerdo que, también en el presente, siga atento a los mecanismos de exclusión y violencia puede evitar que, en algún momento, pierda todo su sentido.

Sin embargo, ¿qué ocurrirá si la experiencia histórica que se recuerda y el presente en el que dicha experiencia debe desempeñar una función social y política se alejan cada vez más? ¿Qué sucederá cuando los testigos que la vivieron en primera persona, sus descendientes o quienes permanecieron al margen, en suma, aquellos a los que puedan contar lo ocurrido, se distancien cada vez más? No solo por edad, sino también por aquello que les resulta familiar, lo que viven y entienden como propio. ¿Cómo mantener vivo el recuerdo de los crímenes del nacionalsocialismo, también en el futuro sin reducirlo a algo estático? Estas preguntas preocupan sobre todo a la comunidad judía, pero nos incumben a todos los que formamos parte de esta sociedad. No surgen ahora que los refugiados sirios provocan una reflexión más consciente sobre la gramática moral propia de una sociedad de la inmigración. También se plantean a raíz de las consignas revanchistas empleadas por movimientos populistas de derechas, así como por los ataques violentos sufridos por judíos y judías en público. No es necesaria la sospecha de que todos los sirios o sajones, sin excepción, sean antisemitas para que nos preguntemos cómo transmitir una cultura del recuerdo a quienes no han crecido en ella o únicamente la perciben como algo impuesto.

No cabe duda de que con los refugiados sirios también nos llegan otras experiencias y perspectivas sobre el Estado de Israel. Lo que la historia del holocausto significa, el dolor y el trauma que ello supone, es menos conocido de lo que creemos en Alemania. Esto despertará susceptibilidades, y será necesario explicar qué tipo de crímenes se cometieron en este país y en qué medida forman parte de la herencia y la tarea que los descendientes deben afrontar. El recuerdo de Auschwitz no tiene fecha de caducidad. Por ello, será preciso recurrir a métodos didácticos más modernos para contar esta historia como algo que, abordado con interés y empatía, se puede llegar a sentir como propio. Son muchos y magníficos los ejemplos que, en esta línea, ofrecen los museos y otras instituciones culturales en sus programas; dichos ejemplos demuestran desde hace tiempo que también es posible animar a los más jóvenes a conocer la historia del nacionalsocialismo y tratarla de una forma tan rigurosa como creativa. Esta labor deberá promoverse todavía más, a fin de diseñar formatos específicos para quienes contemplan el pasado a partir de otras referencias culturales e históricas.

Esto no solo implica seguir siendo conscientes del especial alcance de la culpa respecto a lo sucedido en el pasado, sino también estar atentos, en el presente, a las historias que cuentan los refugiados sobre determinadas agresiones, así como a los recuerdos que dichos relatos encierran. Esto no será posible sin escucharnos. Esto no será posible si a los refugiados se les impide hablar de sus recuerdos y de sus miedos. Escuchar no significa estar de acuerdo con todo lo que se dice, sino simplemente estar dispuesto a entender de dónde viene la otra persona y de dónde surge esa otra perspectiva. El tipo de sociedad que queramos ser también dependerá de en qué medida y a través de qué medios seamos capaces de articular ese relato abierto y polifónico. Además, el tipo de sociedad que queramos ser dependerá de hasta qué punto seamos capaces de adaptar cualquier relato, por más abierto y polifónico que sea, a las constantes relacionadas con el laicismo y los derechos humanos[9].

Sin embargo, esta tarea no es nueva. En una sociedad de la inmigración, reflexionar sobre las distintas experiencias de culpa histórica, así como sobre el sufrimiento y la perspectiva de quienes han padecido una privación de derechos y abusos extremos y han vivido la guerra y la violencia en otros lugares, es un fenómeno recurrente. Hace tiempo que el recuerdo alemán también se compone de las experiencias y perspectivas de las distintas personas y grupos procedentes de la antigua Yugoslavia, de las experiencias y perspectivas de las distintas personas y grupos procedentes de Turquía, de las regiones kurdas, de Armenia y de muchas otras zonas. El recuerdo alemán también se compone de las experiencias y perspectivas postcoloniales vividas por los alemanes negros. Existir en plural implica comenzar por integrar todos estos recuerdos y experiencias, respetar que se articulen y se debata sobre ellos en público. Existir en plural no solo significa definirse tímidamente como una «sociedad de la inmigración», sino que a la vez implica entender lo que supone *ser* una verdadera sociedad de la inmigración. Los tiempos en los que los migrantes y sus hijos y nietos eran meros objetos del discurso público han concluido definitivamente. Es hora de que entendamos que los migrantes y los refugiados que han venido también son sujetos del discurso público. Esto exige una *pluralización de las perspectivas,* un cuestionamiento crítico de los esquemas de percepción y del canon de conocimiento que establece prácticas y convicciones culturales. Existir en plural también significará tomar en serio ese conocimiento considerado menos valioso solo porque no es propio. En la formación escolar, este conocimiento y estas perspectivas están infrarrepresentados. Sorprende hasta qué punto los organismos educativos no prestan atención a la historia de la literatura, el arte y la cultura de las sociedades no ya europeas, sino también extraeuropeas[10]. Este canon escolar tan limitado no ha sabido responder suficientemente a las exigencias de un mundo globalizado ni a la realidad de una sociedad de la inmigración. Hay excepciones puntuales a esta perspectiva reduccionista. Siempre hay algún colegio y algún docente que programa otros temas y otros autores, pero todavía son insuficientes. No se trata de dejar de estudiar a escritores como Büchner o Wieland, pero sí de leer a otros como Orhan Pamuk, Dany Laferrière, Terézia Mora o Slavenka Drakulić. Estos textos no solo son elementales para los niños de familias migrantes, que tal vez vean reflejadas —y por tanto valoradas— las experiencias de sus padres y abuelos en dichos textos, sino que, sobre todo, son relevantes para los otros niños, ya que aprenden a imaginar y descubrir un mundo nuevo, situado más allá de lo que les resulta más cercano y conocido. También este es un ejercicio para practicar el cambio de perspectiva y la empatía.

La pluralización de perspectivas debería seguir dándose en la Administración y las instituciones del Estado (la policía, la Administración local y el aparato de justicia). En este caso, ya se está haciendo un esfuerzo palpable en pro de la diversidad, lo cual es positivo. Promover una diversidad visible en las instituciones y las empresas no es una simple operación de maquillaje político, sino que sirve para abrir, también a los más jóvenes, nuevas perspectivas reales sobre lo que les gustaría llegar a ser. La diversidad visible pluraliza los modelos y patrones que sirven de orientación a otros. En la Administración y las instituciones del Estado se refleja el autoconcepto de una sociedad: es ahí donde se demuestra quién puede y debe representar al Estado y quién pertenece a él sin ningún tipo de limitación. Cuanto más diversos sean los trabajadores de la Administración, más creíble resultará la promesa de reconocimiento e igualdad.

En las clases dictadas en el curso de 1983 y recogidas en el volumen *El gobierno de sí y de los otros*, el filósofo francés Michel Foucault parte del concepto griego de *parrhesía* para desarrollar la idea del decir veraz[11]. En una de sus primeras acepciones, la *parrhe-*

sía solo significa libertad de expresión. Sin embargo, para Foucault, la *parrhesía* consiste en ese hablar francamente que implica criticar determinadas opiniones y posiciones de poder. A Foucault no solo le interesa el contenido de lo dicho, esto es, el hecho de que alguien diga la verdad, sino que lo que caracteriza a la *parrhesía* es el modo y manera, el *cómo* se dicen las cosas. La *parrhesía* foucaultiana está llena de condicionantes. No basta con limitarse a *mencionar* la verdad, sino que la *parrhesía* también exige que se *crea* en ella. No solo digo que algo es cierto, sino que también *creo* que lo es. La *parrhesía* no se puede expresar con una intención manipuladora o engañosa. Como afirmación, no solo es verdadera, sino que, además, siempre es veraz. Esto la distingue de otro tipo de afirmaciones no veraces, como las que a menudo se oyen por boca de movimientos nacionalistas y partidos populistas de derecha cuando afirman que ellos, en realidad, no tienen nada en contra de los musulmanes, *pero...* Que, en realidad, no quieren modificar el derecho de asilo, *pero...* Que rechazan el odio y la violencia, *pero* que es legítimo poder decir que... Esto no tiene nada que ver con la *parrhesía*.

La *parrhesía* precisa, además, de una determinada constelación de poder. Según Foucault, quien dice la verdad es aquel que «toma la palabra, dice la verdad frente al tirano y arriesga la vida». Por tanto, la *parrhesía* siempre se relaciona con una forma de hablar que carece de legitimación o de estatus; es una forma de hablar en la que quien habla *arriesga*. Ahora bien, entre nosotros no hay tiranos en sentido clásico, pero la *parrhesía* sigue siendo necesaria. La frase de Eric Garner «It stops today» [Se acabó] ilustra cómo podría sonar ese decir veraz en la actualidad. La *parrhesía* requiere valor para tomar la palabra, ya sea en nombre propio o en el de aquellos a quienes se les niega el derecho o el estatus de pertenencia al grupo. La *parrhesía* que se requiere actualmente en el discurso público se vuelve contra las poderosas disposiciones basadas en lo dicho y lo no dicho; contra los esquemas de odio que denigran y denuncian a los migrantes; contra los regímenes de miradas que pasan por alto a las personas negras, como si no fuesen seres de carne y hueso; contra la sospecha permanente que recae sobre los musulmanes; contra los mecanismos y costumbres que discriminan a las mujeres y contra las leyes que niegan a gais, lesbianas, bisexuales y transexuales la posibilidad de casarse y formar familias, como los demás. Se dirige contra todas esas técnicas de exclusión y desprecio mediante las cuales los judíos vuelven a ser aislados y estigmatizados. En la actualidad, la *parrhesía* también se dirige contra los esquemas de percepción y los regímenes de miradas que vuelven invisibles a quienes se ven obligados a vivir en condiciones sociales precarias, es decir, a quienes no son excluidos por sus convicciones religiosas o culturales, sino simplemente porque son pobres o no tienen trabajo. Estas personas son despreciadas en una sociedad que se sigue definiendo a través del trabajo, aunque todo el mundo sabe que el desempleo masivo es una constante estructural. También en su nombre y en favor de su visibilidad es necesaria la *parrhesía* respecto del tabú de la clase social, pues no solo se estigmatiza política y socialmente a determinados individuos tachándolos de «superfluos», sino que la categoría de clase social es sencillamente ignorada, como si ya no existiera. Mientras muchos colectivos forman parte de la categoría de los «otros» y son excluidos por ello, en el caso de los pobres o los desempleados en ocasiones se actúa como si no existieran como colectivo. A quienes viven en condiciones precarias y de pobreza, esta negación de la desigualdad social les lleva a percibir su situación como algo supuestamente excepcional, algo de lo que ellos mismos son culpables.

La socióloga israelí Eva Illouz ha señalado que la *parrhesía* no necesariamente tiene una sola dirección o un solo destinatario. Hay situaciones históricas en las que uno tiene la misión de contravenir varias constelaciones de poder al mismo tiempo[12]. Esto significa que el decir veraz tal vez no solo se dirija contra el Estado y su discurso excluyente, ni tampoco únicamente contra los movimientos y partidos poderosos, sino que también debe ir contra el propio entorno social, la familia, el círculo de amigos, la comunidad religiosa y el contexto político en el que uno se mueve y donde, posiblemente, también sea necesario rebelarse con valentía contra los códigos excluyentes y el resentimiento que es producto de la autocomplacencia. Esto implica no situarse en una posición de víctima —real o imaginaria—, ni ponerse en el papel de una comunidad discriminada, sino prestar atención a la posibilidad de que también dentro del propio grupo, tanto individual como colectivamente, se aglutinen dogmas y prácticas excluyentes y estigmatizadoras; a la posibilidad de que también aquí se creen esquemas de percepción en los que verter odio y desprecio. También aquí, según Illouz, es necesario formular una objeción con carácter universal.

La definición foucaultiana de *parrhesía* ofrece un indicio de cómo se debería articular la resistencia contra el odio y el fanatismo: aquellos que corren riesgo de verse despojados de su subjetividad; aquellos cuya piel, cuyo cuerpo o cuyo pudor no se respeta; quienes no son considerados personas ni seres iguales, sino «asociales», «improductivos» o «nulos»; quienes entran en la categoría de «degenerados», «delincuentes» o «enfermos», «impuros» o «antinaturales» desde el punto de vista étnico o religioso y son, por tanto, deshumanizados; todos ellos deben ser reintegrados como individuos en un *nosotros universal.*

Esto implica acabar con todas las relaciones, todas las cadenas asociativas, todas las deformaciones y estigmas conceptuales o metafóricos instaurados durante años y décadas; socavar todos los modelos y esquemas de percepción según los cuales los individuos se convierten en colectivos y los colectivos se asocian con propiedades y atributos peyorativos. «Los conflictos sociales se coreografían sobre líneas que conforman el campo narrativo», escribe Albrecht Koschorke en *Wahrheit und Erfindung* [Verdad e invención], y, en este sentido, se trata de interponer el propio lenguaje y los propios actos en la coreografía establecida[13]. Los esquemas de odio, tal y como se han descrito en la primera parte de este ensayo, se fijan mediante relatos que ofrecen una visión muy limitada de la realidad. Así, determinados individuos o grupos enteros ya solo se asocian con propiedades que los denigran: son considerados «ajenos», «distintos», «vagos», «animales», «moralmente corruptos», «imprevisibles», «desleales», «promiscuos», «falsos», «agresivos», «enfermos», «pervertidos», «hipersexuales», «frígidos», «infieles», «impíos», «infames», «pecaminosos», «contagiosos», «degenerados», «asociales», «antipatriotas», «afeminados», «marimachos», «secesionistas», «sospechosos de terrorismo», «delincuentes», «antipáticos», «sucios», «desaliñados», «débiles», «pusilánimes», «serviles», «tentadores», «manipuladores», «codiciosos», etcétera.

Es así como las cadenas asociativas, repetidas constantemente, se convierten por acumulación en supuestas certezas que se van asentando en forma de determinadas representaciones por parte de los medios de comunicación, se fijan mediante formatos de ficción, por ejemplo, en forma de relato o de película, y se reproducen tanto en la red como en las instituciones, como pueden ser las escuelas, por ejemplo, cuando los docentes deben opinar sobre quién accede al bachillerato y quién no. Estas supuestas certezas se van consolidando a través de prácticas intuitivas y no tan intuitivas que afectan al control de las personas y se materializan en los procesos selectivos para cubrir ciertos puestos laborales, en los que determinados aspirantes no suelen ser convocados a la entrevista.

La falta de imaginación es un poderoso adversario de la justicia y la emancipación, y la *parrhesía* que esto requiere es aquella que permite reabrir espacios a la imaginación. Los espacios sociales y políticos de participación y el terreno de juego democrático también comienzan con un discurso y unas imágenes que interpelen y reconozcan a las personas. La diferenciación que debe oponerse al dogma fanático de lo puro y lo austero comienza justamente ahí, confrontando las fantasías vinculadas a teorías de la conspiración, las clasificaciones colectivas y la generalización simplista del resentimiento ideológico con una observación precisa. «Observar muy fijamente implica descomponer», escribe Herta Müller; así, los esquemas de percepción que contraen la realidad deben ser descompuestos y disueltos. Las falsas generalizaciones que reducen al individuo a un mero representante de todo un grupo deben descomponerse, para que cada persona y sus actos vuelvan a ser reconocibles como tales. Y las consignas y términos excluyentes e inclusivos deben ser socavados y transformados.

Esta práctica de la resignificación, es decir, de la apropiación y transformación de términos y prácticas que funcionan como un estigma, obedece a una larga tradición. Inscribirse en ella seguramente pueda considerarse una técnica poética de resistencia contra el odio y el desprecio. El movimiento en defensa de los derechos civiles de los afroamericanos, pero también el movimiento en defensa de la emancipación de gais, lesbianas, bisexuales, transexuales y *queer* está lleno de ejemplos de estas prácticas de resignificación performativas e irónicas. Actualmente, el formato de Hate Poetry Slam [competición poética basada en el odio] es una de las variantes más creativas y alegres de *parrhesía* contra el odio y el desprecio[14]. Hay, además, otras vías para interponerse en las clasificaciones y estigmatizaciones más poderosas. Existen catálogos de medidas concretas, como las que se están empleando en los medios sociales para hacer frente a las cámaras de eco que amplifican el odio. Todos estos instrumentos son necesarios: intervenciones sociales y artísticas, debates y análisis públicos, medidas educativas y formativas, pero también leyes y reglamentos.

Foucault señala otro aspecto de la *parrhesía*, del decir veraz: no solo se dirige a un interlocutor poderoso y tirano al que desafía con la verdad, sino también a la propia persona que la expresa. Esto me gusta especialmente. Es como si uno hablara para sus adentros, como si hablara consigo mismo y llegara a un pacto consigo mismo diciéndose la verdad. Hablar francamente contra una gran injusticia implica siempre una especie de pacto del que dice la verdad consigo mismo: al expresar la verdad social y política me siento vinculado a ella y por ella. Foucault subraya que este acto valiente de decir la verdad no solo encierra una obligación, sino que la *parrhesía* vincula a la persona con la *libertad* que se manifiesta y se hace efectiva en la propia *parrhesía*. Decir la verdad contra la injusticia, como acto de libertad, es un regalo, ya que permite a quien lo practica establecer una relación consigo mismo que contradice la función enajenante del poder, su mecánica de exclusión y de estigmatización. Por eso, la *parrhesía* nunca puede ser un acto puntual, una acción independiente, sino que el pacto que entraña tiene un efecto duradero en el sujeto que dice la verdad y lo compromete.

Quienes probablemente sean más conscientes de todo esto son los numerosos voluntarios que se han comprometido a ayudar a los refugiados durante la crisis humanitaria. A primera vista puede resultar inesperado interpretar este compromiso de la sociedad civil como una forma de *parrhesía* contra el poder, que consiste en la disposición a ayudar de numerosos ciudadanos y ciudadanas, jóvenes y mayores, de todas esas familias que han acogido a refugiados en su casa, de los policías y bomberos que han hecho turnos extra, de los profesores y educadores que se han ofrecido a impartir clases de bienvenida, de todos los que han aportado su tiempo, alimentos o un techo. Todos ellos se han impuesto por encima de las expectativas sociales y las normas burocráticas. No se han limitado a delegar la tarea de atender a los refugiados en los organismos nacionales o locales, sino que, por el contrario, han llenado el vacío político existente en sus múltiples variantes con el compromiso generoso e inconformista de un movimiento social enormemente heterogéneo. Esto no ha sido ni es siempre fácil, ni mucho menos, pues cada encuentro con refugiados encierra el potencial de descubrirnos no solo algo agradable y enriquecedor, sino también algo que no entendemos, que rechazamos o que nos molesta.

En mi opinión, este compromiso es una forma de *parrhesía*, ya que tiene lugar bajo una presión creciente por parte de la calle y, en ocasiones, va acompañado de actos de hostilidad y amenazas considerables. Así, sigue siendo necesario que los centros de acogida estén vigilados y los voluntarios continúan recibiendo insultos y amenazas. Se requiere valor para enfrentarse a este odio y no dejarse confundir en lo que atañe a la propia idea de cómo actuar o qué se considera obvio desde un punto de vista humanitario. Cada atentado, cada ataque cometido por un enfermo mental, o por refugiados movilizados por grupos fanáticos, ejerce una presión adicional sobre este compromiso y lo expone a más objeciones externas. Se requiere muchísima paciencia y también seguridad en uno mismo para seguir atendiendo a aquellos que necesitan ayuda y apoyo y que no pueden ser castigados por los actos de otros.

La resistencia civil contra el odio también implica, a mi modo de ver, reconquistar los espacios de la imaginación. Una de las estrategias disidentes contra el resentimiento y el desprecio que puede resultar sorprendente después de todo lo dicho es la que conforman las *historias felices*. En vista de todos los instrumentos y estructuras de poder que discriminan a las personas y las privan de sus derechos, la resistencia frente al odio y el desprecio también consiste en reconquistar las diversas posibilidades de ser feliz y vivir en auténtica libertad. Rebatir al tirano implica oponerse sin excepción a las medidas represivas-productivas del poder. Esto también significa no aceptar el papel de oprimido, esclavo o desesperado. Ser estigmatizado y excluido no solo implica ver limitadas las propias posibilidades de actuación, sino que, con frecuencia, todo comienza con ver menoscabados la fuerza y el valor de exigir para uno mismo algo que para el resto viene dado y es normal: no solo el derecho de participación, sino también la *fantasía de la felicidad.*

Por esta razón, otra de las estrategias disidentes contra la exclusión y el odio es contar *historias felices sobre vidas y amores disidentes* para que, más allá de todos los relatos sobre la desgracia y el desprecio, también la *posibilidad de ser feliz* se sienta como algo que podría existir para todos, como una expectativa a la que todos tenemos derecho, y no solo aquellos que se ajustan a la norma dominante; no solo los blancos; no solo los que pueden oír; no solo los que se encuentran a gusto en el cuerpo en el que nacen; no solo los que desean como se muestra en las vallas publicitarias o como establece la ley; no solo los que se pueden mover libremente; no solo quienes profesan la fe «verdadera», tienen los papeles «correctos», el currículum «adecuado», el género «apropiado», sino todos.

La *parrhesía* también implica pactar con la verdad que se dice. No solo creer que todas las personas tal vez no tengan la misma edad, pero sí *el mismo valor,* sino también llevar esa igualdad a la práctica: exigirla verdadera y permanentemente, contra la presión, contra el odio, para que, poco a poco, *no solo forme parte de la imaginación poética, sino que sea una realidad concreta.*

En *La condición humana,* Hannah Arendt escribe que «el poder es siempre un poder potencial y no una intercambiable, mensurable y confiable entidad como la fuerza»[15]. Esta también sería la definición más acertada y más hermosa de un nosotros en una sociedad abierta y democrática: este nosotros es siempre un potencial y no algo inmutable, medible, fiable. Nadie define el «nosotros» en solitario. Este surge cuando las personas actúan juntas y desaparece cuando se dividen. Alzarse contra el odio y encontrarse en un nosotros para hablar y actuar juntos sería una forma valiente, constructiva y sutil de poder.

Notas

Prólogo

[1] Entre las técnicas más poderosas de exclusión y estigmatización figuran los términos empleados para designar a las personas. Para muchos de los que se ocupan de estas cuestiones en contextos académicos o de activismo político, el debate político-lingüístico sobre cuáles deberían ser los términos adecuados constituye un grave problema ético. No en vano, categorías supuestamente «incuestionables», como «negro/blanco», no hacen sino perpetuar las clasificaciones y divisiones racistas que se pretende criticar. Por esta razón, son varias las estrategias lingüísticas diseñadas para abordar este problema con mayor sensibilidad: desde suprimir y reemplazar los términos de connotación negativa, pasando por emplear denominaciones exclusivamente inglesas, hasta recurrir a distintas formas creativas de marcar la diferencia (por ejemplo, en alemán, utilizando la minúscula para «blanco» y la mayúscula para «Negro» con el fin de invertir la jerarquización social). Sin embargo, estas opciones político-lingüísticas a menudo se alejan bastante de los usos más extendidos en el lenguaje oral y escrito. Y este es, en parte, uno de los objetivos políticos que se persiguen: de lo que se trata, al fin y al cabo, es precisa-

mente de cambiar hábitos. No obstante, también ocurre que, por la misma razón, dichas opciones pueden perder eficacia justamente entre las personas a las que se quiere llegar. Lo que importa señalar aquí es que términos como «negro» y «blanco», tal y como se utilizan en este libro, en modo alguno deben entenderse como afirmaciones de hechos objetivos, sino como clasificaciones realizadas en un contexto histórico y cultural específico. Quién y con qué derecho es leído o visto como «negro» en según qué contexto y con qué consecuencias es una cuestión que, obviamente, suscita acalorados debates. Las clasificaciones históricamente connotadas y el racismo se tratarán con más detalle en el apartado dedicado a Eric Garner.

[2] Giorgio Agamben también describe así la figura del «homo sacer» en AGAMBEN, Giorgio, *Homo sacer. El poder soberano y la nuda vida*, vol. I., trad. y notas de Antonio Gimeno Cuspinera, Valencia, Pre-Textos, 1998.

[3] Aunque solo sea a modo de experimento, cabe plantear el razonamiento inverso: la heterosexualidad es sin duda aceptable, pero ¿por qué los heterosexuales tienen que mostrarse siempre tan abiertamente? Pueden expresar su amor en privado, eso no molesta a nadie, pero ¿por qué ese empeño en casarse?

[4] En las páginas siguientes no se abordarán las patologías o psicosis individuales que también pueden manifestarse en actos de odio o de violencia (como es el caso de los homicidas que padecen un trastorno mental). Hasta qué punto la expresión concreta de este tipo de disposición psíquica se ve reforzada o se desencadena especialmente en tiempos en los que el odio se activa política e ideológicamente debe ser objeto de un análisis independiente.

I. Visible-invisible

¹ Véase también el hermoso artículo de Axel Honneth titulado «Unsichbarkeit. Über die moralische Epistemologie von "Anerkennung"» [Honneth, Axel, «Invisibilidad. Sobre la epistemología moral del "reconocimiento"», en *La sociedad del desprecio*, trad. y ed. de Francesc J. Hernández y Benno Herzog, Madrid, Trotta, 2011, pp. 165-174], incluido en el libro del mismo autor titulado *Unsichtbarkeit. Stationen einer Theorie der Intersubjektivität* [Invisibilidad. Estaciones de una teoría de la intersubjetividad], Frankfurt am Main, Suhrkamp, 2003, pp. 10-28.

² Rankine, Claudia, *Citizen* [Ciudadano], Minneapolis, Graywolf Press, 2014, p. 17. Traducción propia. Cita original: «and you want it to stop, you want the child pushed to the ground to be seen, to be helped to his feet, to be brushed off by the person that did not see him, has never seen him, has perhaps never seen anyone who is note a reflection of himself».

³ Por si no hubiese quedado del todo claro, esta historia no pretende ser una recomendación de algo que se deba imitar. Simplemente trata de ilustrar el ideal shakespeariano de amor como proyección limitada en el tiempo.

⁴ Así, cabe distinguir entre el objeto y el «objeto formal» de una emoción. Véase Lyons, William, «Emotion» [Emoción], en Sabine A. Döring (ed.), *Philosophie der Gefühle* [Filosofía de los sentimientos], Frankfurt am Main, Suhrkamp, 2009, pp. 83-110.

⁵ Nussbaum, Martha, *Emociones políticas*, trad. de Albino Santos Mosquera, Barcelona, Paidós, 2014, p. 223 y ss.

⁶ He estudiado con más detalle este modelo de identidad pasiva, basado en Jean-Paul Sartre y también en Iris

Marion Young, en EMCKE, Carolin, *Kollektive Identitäten* [Identidades colectivas], Frankfurt am Main, Campus Verlag, 2000, pp. 100-138. Comprobar hasta qué punto el modelo es aplicable a las distintas formas y configuraciones del fanatismo requeriría un análisis más exhaustivo y específico que excedería el ámbito de este libro.

[7] ERIBON, Didier, *Regreso a Reims,* trad. de Georgina Fraser, Buenos Aires, Ediciones del Zorzal, 2015, p. 153.

[8] WERNER, Jürgen, *Tagesrationen* [Raciones diarias], Frankfurt am Main, tertium datur, 2014, p. 220.

[9] Véase MÜLLER, Jan-Werner: el «lema fundamental de todos los populistas [...] reza aproximadamente así: "Nosotros —y solo nosotros— representamos al verdadero pueblo"», en MÜLLER, Jan-Werner *Was ist Populismus* [Qué es el populismo], Berlín, Suhrkamp, 2016, p. 26. Müller también se pregunta cuál sería la diferencia si el eslogan se ampliara con una sola palabra más: «Nosotros también somos el pueblo».

[10] Esto recuerda a una frase de Frantz Fanon: «Se comprende, después de todo lo que se ha dicho, que la primera reacción del negro sea decir "No" a quien trata de definirlo». FANON, Frantz, *Piel negra, máscaras blancas,* trad. de A. Useros Martín, Madrid, Akal, 2009, p. 61.

[11] KOLNAI, Aurel, *Asco, soberbia, odio. Fenomenología de los sentimientos hostiles,* trad. de Ingrid Vendrell Ferrán, Madrid, Encuentro, 2013, p. 146.

[12] SCARRY, Elaine, «Das schwierige Bild des Anderen» [La difícil imagen del otro], en Friedrich Balke, Rebekka Habermas, Patrizia Nanz y Peter Sillem (eds.), *Schwierige Fremdheit* [La difícil extrañeza], Frankfurt am Main, Fischer, 1993, p. 242.

[13] El único término que me parecería acertado sería el de «muta» en el sentido de Canetti: «La muta consta

de un grupo de hombres excitados que nada desean con mayor vehemencia *que ser más numerosos*». CANETTI, Elias, *Masa y poder. Obra completa*, t. I, trad. de Juan José del Solar, Barcelona, Galaxia Gutenberg, 2002, p. 173.

[14] https://www.facebook.com/Döbeln-wehrt-sich-Meine-Stimme- gegenÜberfremdung-687521988023812/photos_stream?ref=page_internal

[15] En el momento de escribir este libro, estas imágenes, vídeos y comentarios aún estaban disponibles en la página web.

[16] http://www.sz-online.de/sachsen/autoliv-schliesst-werk-in-doebeln–2646101.html

[17] El autobús de la empresa «El placer de viajar» que acabó bloqueado en Clausnitz había salido ese mismo día de Schneeberg y se dirigía a Clausnitz por indicación de la Oficina de Extranjería de Freiberg. Nunca paró en Döbeln.

[18] KOLNAI, *Asco, soberbia, odio. Fenomenología de los sentimientos hostiles, op. cit.*, p. 132.

[19] HORKHEIMER, Max y Theodor W. ADORNO, *Dialéctica de la Ilustración*, introducción y traducción de Juan José Sánchez, Madrid, Trotta, 1994, p. 216.

[20] DEMMERLING, Christoph y Hilge LANDWEER, *Philosophie der Gefühle* [Filosofía de los sentimientos], Stuttgart, Metzler, 2007, p. 296.

[21] En este mismo sentido apuntaba la advertencia expresada en junio de 2016 con suma claridad por Holger Münch, responsable de la Oficina Federal de Investigación Criminal, en unas declaraciones concedidas al *Frankfurter Allgemeine Zeitung*, en las que afirmaba: «Las palabras preceden a los hechos». http://www.faz.net/aktuell/politik/inland/bka-chef-muench-im-interview-die-sprachekommt-vor-der-tat-14268890.html

²² Scarry, Elaine, «Das schwierige Bild des Anderen» [La difícil imagen del otro], en Friedrich Balke, Rebekka Habermas, Patrizia Nanz y Peter Sillem (eds.), *Schwierige Fremdheit* [La difícil extrañeza], *op. cit.*, p. 238.

²³ La exposición titulada *Angezettelt* [juego de palabras que combina el verbo *anzetteln* (urdir, instigar) con la palabra *Zettel* (nota o trozo de papel)], organizada por el Centro de Investigación sobre el Antisemitismo y el Museo de Historia Alemana, ofrece un recorrido histórico por esta línea de pensamiento que va desde los viejos prejuicios y motivos hasta la actual política icónica reflejada en pegatinas antisemitas o racistas. La campaña de acoso titulada «Ignominia negra», la cual en la década de 1920 «advertía» de la supuesta «bestialidad» de los negros con los correspondientes sellos en los que se veían unas figuras enormes y siniestras que se abalanzaban sobre los cuerpos de mujeres blancas e indefensas, es decir, la insinuación racista del supuesto peligro sexual que emanaba de los «desconocidos» (hoy «extranjeros» o «norteafricanos»), se repite.

²⁴ Lo que hace que esta cita histórica, trasladada al contexto actual, se convierta en algo tan vil es que toda la labor de concienciación llevada a cabo en el ámbito de la violencia sexual es instrumentalizada y canalizada en una dirección muy concreta. En una época en la que la violencia sexual contra las mujeres y los niños por fin se considera un delito, en la que ya no se dulcifica ni se relativiza, los esquemas ilegítimos sobre los que se basan las clasificaciones racistas (el miedo alimentado a los «ataques de los extranjeros» o al «hombre árabe») se combinan con la sensibilización legítima y necesaria sobre la violencia sexual contra mujeres y niños. Por esa misma

razón, promover el miedo a los pederastas es un instrumento retórico tan popular en los círculos de extrema derecha, ya que les permite generar aceptación en un amplio espectro de la sociedad. Cualquiera está en contra de la violencia sexual. Ahora bien, en esos círculos, advertir de posibles ataques sexuales sirve, sobre todo, para incrementar el resentimiento hacia el hombre «árabe» o «negro».

[25] Esto no es casual, sino el resultado de una táctica retórica consciente. Un fragmento de un programa de SPIEGEL TV emitido el 14 de mayo de 1989 sirve para ilustrar en qué consiste el barniz de superficialidad que reviste una ideología xenófoba. El reportaje tiene por objeto documentar con imágenes un taller en el que participan cuadros del partido de extrema derecha NPD [Partido Nacionaldemócrata de Alemania, por sus siglas en alemán]. Una de las actividades del seminario consiste en pronunciar un discurso sobre el «problema de los extranjeros». La sesión está concebida como un juego de roles: uno de los participantes ensaya el discurso mientras el resto debe interrumpirlo y rebatirlo. A la pregunta de si no habría que ayudar a los extranjeros procedentes de zonas en conflicto, el alumno del NPD responde: «[…] son unos pobres diablos. Claro que hay que ayudarlos. Pero no lo hacemos tratando de integrarlos aquí […] eso no es posible. Es otra raza, caracterizada por otros rasgos, otra forma de vida […]». En el posterior coloquio, los profesores llevan a cabo la corrección táctica: «Entonces dices "razas" […] esa es una palabra que yo nunca utilizaría en este contexto […] te refieres a "otra mentalidad". Pero, si la utilizas, enseguida tendrás a los de la izquierda o a la prensa *[incomprensible]* decir […] "Aquí tienen a un racis-

ta"». La crítica de los profesores, por tanto, no se refiere al hecho de asumir que haya algo así como varias «razas» distintas a las que se les puedan atribuir determinados rasgos colectivos, sino que se centra exclusivamente en la palabra «raza», ya que esta favorece el reproche de que quien habla es un racista. Esto explica por qué el discurso actual resulta tan plano, sin que los contenidos ideológicos hayan cambiado lo más mínimo. Quiero expresar mi agradecimiento a Maria Gresz y Hartmut Lerner, del servicio de documentación de SPIEGEL TV, por haberme facilitado este material.

[26] En este contexto, hasta la policía es percibida como una fuerza si no hostil, al menos manipulada o confundida. Hay llamamientos dirigidos expresamente a los policías que explican a quiénes deben apoyar y proteger. El «pueblo», tal y como se afirma en estos textos, es «vuestra familia, vuestros parientes, vuestros amigos, vuestros vecinos». Evidentemente, el hecho de que la policía deba defender en primer término el Estado de derecho y a todas las personas que en él viven, con independencia de que mantengan una relación de parentesco o amistad con ellos, pierde aquí toda su validez.

[27] En este discurso unificado, cualquier supuesta diferenciación tiene por único objeto reforzar la sospecha general. Por poner un ejemplo extraído de ese mismo contexto: una fotografía en la que se ve una fuente de cristal llena de M&M's de colores. Debajo y en letras mayúsculas figura la inscripción: «No todos los refugiados son delincuentes o malas personas»; una línea más abajo, en un tipo de letra menor: «Ahora imagina un bote de M&M's, de los cuales el 10 % estuviese envenenado. ¿Te comerías un puñado?».

[28] A estos círculos pertenecen publicaciones, como *Secesión*, que se tienen por objetivas e intelectuales, y tal vez lo sean, si bien suministran todos los temas e interpretaciones necesarios para alimentar el odio contra los ocupantes del autobús. Véase también BEDNARZ, Liane y Christoph GIESA, *Gefährliche Bürger. Die Neue Rechte greift nach der Mitte* [Ciudadanos peligrosos. La nueva derecha ocupa el centro], Múnich, Hanser, 2015. También WEISS, Volker, *Deutschlands neue Rechte* [La nueva derecha alemana], Padderborn, Ferdinand Schöningh, 2011. Así como KÜPPER, Beate, Dietmar MOLTHAGEN, Ralf MELZER y Andreas ZICK (eds.), *Wut, Verachtung, Abwertung. Rechtspopulismus in Deutschland* [Ira, desprecio, degradación. Populismo de derecha en Alemania], Bonn, J. H. W. Dietz Nachf., 2015.

[29] Un excelente análisis de la historia y la estrategia del EI es el que ofrece Will MCCANTS en *El apocalipsis del ISIS*, trad. de Jorge Paredes, Barcelona, Deusto, 2016.

[30] En uno de los principales documentos a los que se remite el programa ideológico del EI, titulado *The Management of Savagery* [La gestión de la barbarie], su autor, Abu Bakr Naji, dedica todo un capítulo a la estrategia de polarización. El texto fue traducido por Will McCants en 2006 y es muy recomendable para todos aquellos que quieran entender los dogmas que fundamentan el terror del EI. Para profundizar en la polarización y fragmentación de Occidente como objetivo del EI, véase también http://understandingwar.org/sites/default/files/ISW%20ISIS%20RAMADAN%20FORECAST%202016.pdf

[31] http://www.focus.de/politik/videos/brauner-mob-in-clausnitz-dramatische-szenen-aus-clausnitz-fluechtlings-heim-frauen-und-kinder-voelligverstoert_id_5303116.html

[32] https://www.youtube.com/watch?v=JpGxagKOkv8

[33] Los nombres salieron a la luz en el transcurso de la investigación. Aquí se mencionan para ofrecer una descripción exacta de los hechos que llevaron a la muerte de Eric Garner.

[34] En el vídeo original en inglés, las últimas palabras de Garner son las siguientes: «Get away *[incomprensible]* for what? Every time you see me, you want to mess with me. I'm tired of it. It stops today. Why would you…? Everyone standing here will tell you I didn't do nothing. I did not sell nothing. Because everytime you see me, you want to harass me. You want to stop me *[incomprensible]* selling cigarettes. I'm minding my business, officer, I'm minding my business». También existe un audio disponible en http://www.hiaw.org/garner/

[35] Eric Garner ya había sido detenido en varias ocasiones por venta ilegal de cigarrillos y tenencia de marihuana.

[36] Tanto en el original como en la traducción, la palabra que empieza por *ene* está escrita con todas sus letras. En este caso, renuncio expresamente a escribirla porque, al emplearla como una autora blanca que cita a un escritor de color, la sitúo en otro contexto y soy consciente de los malentendidos y del daño que esto podría ocasionar. FANON, Frantz, *Piel negra, máscaras blancas, op. cit.*, p. 74.

[37] A este respecto resultan especialmente ilustrativos los textos de Judith Butler, «Endangered/Endangering: Schematic Racism and White Paraonia», y de Robert Gooding-Williams, «Look, a n…», en GOODING-WILLIAMS, Robert (ed.), *Reading Rodney King, Reading Urban Uprising*, Nueva York/Londres, Routledge, 1993, pp. 15-23 y pp. 157-178.

[38] SCARRY, Elaine, «Das schwierige Bild des Anderen» [La difícil imagen del otro], en Friedrich Balke, Rebekka

Habermas, Patrizia Nanz y Peter Sillem (eds.), *Schwierige Fremdheit* [La difícil extrañeza], *op. cit.*, p. 230.

[39] Tal y como establece la autopsia, el fallecimiento se ve propiciado por el asma, la insuficiencia cardiaca y el sobrepeso que padecía Eric Garner.

[40] Fanon, *Piel negra, máscaras blancas*, *op. cit.*, p. 113.

[41] http://www.nytimes.com/1994/12/30/nyregion/clash-over-a-football-ends-with-a-death-in-police-custody.html

[42] Coates, Ta-Nehisi, *Entre el mundo y yo*, trad. de Javier Calvo, Barcelona, Seix Barral, 2016, pp. 22-23.

[43] Coates, *Entre el mundo y yo*, *op. cit.*, p. 135.

[44] Precisamente en Dallas, donde cinco policías fueron asesinados por Micah Johnson, un veterano de la guerra de Afganistán, la policía llevaba años esforzándose por rebajar el nivel de violencia. Véase http://www.faz.net/aktuell/feuilleton/nach-polizistenmorden-ausgerechnet-dallas-14333684.html

[45] En una entrevista concedida al *New York Times* titulada *The Perils of Being a Black Philosopher* [Los peligros de ser un filósofo negro], George Yancey describe así esta experiencia del miedo: «Black people were not the American "we" but the terrorized other» [Los negros no formaban parte del "nosotros" estadounidense, sino que eran el otro aterrorizado] http://opinionator.blogs.nytimes.com/2016/04/18/the-perils-of-being-a-black-philosopher/?smid=tw-nytopinion&smtyp=cur&_r=1

[46] No mencionaré aquí todas las veces que me han confundido con otras mujeres lesbianas a las que verdaderamente no me parecía en nada.

[47] Véase también Matsuda, Mari J., Charles R. Lawrence III, Richard Delgado y Kimberlè Williams Crenshaw (eds.), *Words that Wound. Critical Race Theory,*

Assaultive Speech, and the First Amendment [Palabras que hieren. Teoría crítica de la raza, el lenguaje ofensivo y la primera enmienda], Boulder (Colorado), Westview Press, 1993, p. 13.

II. HOMOGÉNEO-NATURAL-PURO

[1] DERRIDA, Jacques, *Schibboleth. Para Paul Celan*, trad. de Jorge Pérez de Tudela, Arena Libros, Madrid, 2002, p. 44.

[2] Por otra parte, las diferencias entre prácticas y creencias relacionadas con el mundo de la fe no solo se dan entre comunidades religiosas, sino también *dentro* de cada uno. En la era moderna, más allá de cualquier doctrina teológica, la fe siempre alude a una fe *vivida*, la cual, transmitida a lo largo de varias generaciones o regiones, es mucho más polifacética y flexible de lo que los textos canónicos y el magisterio correspondiente quieren dar a entender. También para las comunidades religiosas en general rige la norma básica de no imponer *ninguna obligación*. Esto implica que quienes nacen en una comunidad con cuyas reglas no pueden o quieren comulgar deben disponer de una *vía de salida*; es decir, los miembros de una comunidad o quienes nazcan en ella deben poder abandonarla si no quieren o no pueden compartir sus creencias, si se sienten abrumados por sus preceptos o incluso si ven vulnerados sus derechos como sujetos autónomos. La opción tanto de creer como la de no creer (tanto en su potencialidad como si son permitidas o no) son derechos (o dones) individuales que merecen ser defendidos por igual. El acceso a una de-

terminada creencia o a una comunidad religiosa no se puede imponer.

[3] TODOROV, Tzvetan, *La conquista de América. El problema del otro* [1982], trad. de Flora Botton Burlá, Madrid, Siglo XXI, 2009, p. 157.

[4] Para prevenir malentendidos aclararé que este tipo de exclusiones obviamente pueden venir avaladas por la mayoría, ya sea en forma de referéndum o de elecciones parlamentarias. Sin embargo, esto no altera en absoluto su carácter potencialmente iliberal y cuestionable desde un punto de vista normativo. También las decisiones tomadas democráticamente se enmarcan en un Estado de derecho y están limitadas por una serie de garantías en materia de derechos humanos. Volveré sobre esto más adelante.

[5] En la escuela liberal, por el contrario, se constata cierto pragmatismo: el pueblo delega su soberanía en representantes electos. En Alemania, tal y como se formula en la Constitución, el poder del Estado emana del pueblo y solo es ejercido «mediante elecciones y votaciones y por intermedio de órganos especiales de los poderes legislativo, ejecutivo y judicial» (Ley Fundamental, art. 20, 2). Sobre la reformulación del término *soberanía popular* ampliado en el plano teórico-discursivo al concepto de *formación de la voluntad democrática [demokratischen Willensbildung]*, véase HABERMAS, Jürgen, *Facticidad y validez*, trad. de Manuel Jiménez Redondo, Madrid, Trotta, 1998.

[6] Véase «Das Imaginäre der Republik II: Der Körper der Nation» [Lo imaginario de la república II: el cuerpo de la nación], en KOSCHORKE, Albrecht, Susanne LÜDEMANN, Thomas FRANK y Ethel MATALA DE MAZZA, *Der fiktive Staat* [El Estado ficticio], Frankfurt am Main, Fischer, 2007, pp. 219-233.

[7] Para profundizar en la cuestión del velo, véase EMCKE, Carolin, *Kollektive Identitäten* [Identidades colectivas], *op. cit.*, 2000, pp. 280-285.

[8] *Ibid.*

[9] Así lo formula con gran acierto Gustav Seibt en http://www.sueddeutsche.de/kultur/alternative-fuer-deutschland-sprengstoff-1.2978532

[10] Por el contrario, son varios los estudios sobre los beneficios de la diversidad cultural, no solo desde una perspectiva política o democrática, sino también económica. Véase http://www.nber.org/papers/w17640 o bien http://www.americanprogress.org/issues/labor/news/2012/07/12/11900/the-top-10-economic-facts-of-diversity-in-the-workplace/

[11] Por ejemplo, Marine Le Pen, del Frente Nacional, sitúa la Francia «original» y «auténtica», como mínimo, antes de entrar en la Unión Europea, incluso en la época de De Gaulle. Francia no será Francia mientras forme parte de la UE (o de la OTAN). No obstante, Marine Le Pen sitúa la «verdadera» Francia, por encima de todo, en una época en la que no había franceses musulmanes. Cuando Le Pen critica la diversidad cultural y religiosa en la Francia actual suele decir que hubo un tiempo en que esa nación francesa verdaderamente homogénea y de identidad única —con independencia de cómo se defina— ya existió. Por eso, para Le Pen la ascendencia es un elemento decisivo a la hora de reivindicar la nacionalidad francesa y no, como establece la Ley de la V República, el lugar de nacimiento.

[12] ANDERSON, Benedict, *Comunidades imaginadas*, trad. de Eduardo L. Suárez, México, Fondo de Cultura Económica, 2006, p. 23.

13 http://www.spiegel.de/panorama/gesellschaft/
pegida-anhaenger-hetzengegen-nationalspieler-auf-kin-
derschokolade-a-1093985.html

14 http://www.antidiskriminierungsstelle.de/Sha-
redDocs/Downloads/DE/publikationen/forschungsproje-
kt_diskriminierung_im_alltag.pdf?__blob=publicationFile

15 «Todos quieren a Boateng», entrevista a Alexander
Gauland, en *Der Spiegel*, 23 (2016), p. 37.

16 También en este punto conviene mencionar expresamente que una de las técnicas de exclusión o difamación
es el lenguaje empleado para describir a las personas. Para
muchos de quienes tratan la exclusión en el ámbito de la
investigación y del activismo político, el debate político-
lingüístico sobre el uso de expresiones adecuadas y más
inclusivas es de vital importancia. También las categorías
supuestamente «obvias», como «masculino/femenino»,
plantean un problema ético y lingüístico, ya que se limitan
a reproducir clasificaciones y oposiciones binarias que, en
teoría, deben ser objeto de una reflexión crítica. Por lo
tanto, son muchas las variantes lingüísticas que han ido
surgiendo en busca de términos y tipografías más adecuados (así, existe la estrategia de hacer visibles a todos los
géneros sexuales implicados, lo cual también es posible
empleando distintas tipografías: ya sea mediante la introducción de una doble marca de género, mediante el uso
de la barra o, en alemán, introduciendo una I. También se
emplea la estrategia de la neutralización, consistente en
evitar cualquier tipo de marca de género, así como toda
referencia a la dualidad del género sexual). Lo que quiero
dejar claro es que, tal y como se emplean en este texto, las
categorías «masculino/femenino» no constituyen un hecho
objetivo ni algo que viene dado, sino que en todo momen-

to aluden a unas formas enmarcadas en un determinado contexto cultural e histórico. Este apartado versa, precisamente, sobre el controvertido tema de quién y con qué derecho es o puede ser calificado como «masculino» o «femenino» en un determinado contexto. Espero que las expresiones y los términos empleados resulten respetuosos y comprensibles al mismo tiempo.

[17] Quiero dar las gracias a Tucké Royale y Maria Sabine Augstein por la paciencia con la que han contestado a mis preguntas, la confianza y la sinceridad con la que han abordado cuestiones muy personales y por su crítica razonada y constructiva. La responsabilidad sobre los puntos débiles o mejorables de este apartado es exclusivamente mía.

[18] Son varios los trabajos fundamentales sobre la aparición del cuerpo sexuado, entre otros los estudios históricos de HONEGGER, Claudia, *Die Ordnung der Geschlechter* [El orden de los géneros], Frankfurt am Main, Campus Verlag, 1991; LAQUEUR, Thomas, *La construcción del sexo: cuerpo y género desde los griegos hasta Freud*, trad. Eugenio Portela, Madrid, Cátedra, 1994; y DUDEN, Barbara, *Geschichte unter der Haut* [Historia bajo la piel], Stuttgart, Klett-Cotta, 1991. Para profundizar en la idea de género como forma de existencia sociocultural, véase MAIHOFER, Andrea, *Geschlecht als Existenzweise* [El género como forma de existencia], Frankfurt am Main, Ulrike Helmer Verlag, 1995.

[19] Sobre la cuestión de «cómo pensar la diferencia en relación con los sistemas de poder y dominación», véase QUAESTIO, Nico J. BEGER, Sabine HARK, Antke ENGEL, Corinna GENSCHEL y Eva SCHÄFER (eds.), *Queering Demokratie*, Berlín, Querverlag, 2000.

[20] Para profundizar en la segunda versión, véase HIR-SCHAUER, Stefan, *Die soziale Konstruktion der Transsexualität. Über die Medizin und den Geschlechtswechsel* [La construcción social de la transexualidad. Sobre la medicina y la reasignación de sexo], Frankfurt am Main, Suhrkamp, 1993, 2015.

[21] Por describirlo de una manera más precisa y tal vez más sorprendente: también hay personas trans que no perciben sus rasgos de género innatos como algo «equivocado» ni «molesto»; es más, hasta les resultan bellos y acertados. Lo que rechazan es la interpretación de estos rasgos como «claramente femeninos» o «claramente masculinos».

[22] Véase también ALLERKAMP, Andrea, *Anruf, Adresse, Appell. Figuration der Kommunikation in Philosophie und Literatur* [Llamada, interpelación, llamamiento. Figuración de la comunicación en la filosofía y la literatura], *op. cit.*, pp. 31-41.

[23] MATSUDA, Mari J., Charles R. LAWRENCE III, Richard DELGADO y Kimberlè WILLIAMS CRENSHAW (eds.), *Words that Wound. Critical Race Theory, Assaultive Speech, and the First Amendment* [Palabras que hieren. Teoría crítica de la raza, el lenguaje ofensivo y la primera enmienda], Boulder (Colorado), Westview Press, 1993, p. 5.

[24] «Ser herido por el lenguaje es sufrir una pérdida de contexto, es decir, no saber dónde se está», escribe Judith Butler en *Lenguaje, poder e identidad*, trad. y prólogo de Javier Sáez y Beatriz Preciado, Madrid, Síntesis, 2004, p. 19.

[25] Cifras extraídas de ROSE, Jacqueline, «Who do you think you are?» [¿Quién te crees que eres?], en *London Review of Books*, vol. 38, núm. 9, 2-v- 2016. Disponible en http://www.lrb.co.uk/v38/n09/jacqueline-rose/who-do-you-think-you-are

[26] El término inglés *packer*, también llamado prótesis de paquete, se emplea para designar distintos tipos de prótesis de pene. Los *binder* son diversos accesorios como camisetas, fajas o vendas que permiten comprimir los pechos y hacerlos menos visibles. Quiero agradecer a Laura Méritt la generosidad y el sentido del humor a la hora de compartir sus conocimientos.

[27] Nótese que este deseo de equiparar la asignación oficial de género o bien el cuerpo a las convicciones internas no tiene nada que ver con la orientación sexual. Tal y como explicó en una ocasión la escritora y activista Jennifer Finney Boylan, la transexualidad no tiene que ver «con la pregunta de *con quién* quieres mantener relaciones sexuales, sino con *como quién* quieres mantener relaciones sexuales». Cita extraída de ROSE, Jacqueline, «Who do you think you are?» [¿Quién te crees que eres?], *op. cit.*; http://www.lrb.co.uk/v38/n09/jacqueline-rose/who-do-you-think-you-are

[28] PRECIADO, Beatriz [Paul B. PRECIADO], *Testo Yonqui*, Madrid, Espasa, 2008 p. 110.

[29] Véase la entrada de Julian Carter titulada «Transition» [Transición], en *Postposttranssexual. Key Concepts for a Twenty-First-Century Transgender Studies*, TSQ, [Postposttranssexual. Conceptos clave para unos estudios de transgénero del siglo XXI] vol. 1, núms. 1-2, mayo 2014, p. 235 y ss.

[30] PRECIADO, Beatriz [Paul B. PRECIADO], *Testo Yonqui*, *op. cit.*, p. 54.

[31] PRECIADO, Beatriz [Paul B. PRECIADO], *Testo Yonqui*, *op. cit.*, pp. 47-48.

[32] Texto íntegro de la ley disponible en http://www.gesetze-im-internet.de/tsg/BJNR016540980.html

[33] *Ibid.* También consta el añadido de que «con una alta probabilidad cabe suponer que la sensación de pertenecer al otro género ya no se verá alterada».

[34] https://www.bundesverfassungsgericht.de/entscheidungen/rs20110111_1bvr329507.html

[35] Para profundizar en el análisis crítico de la patologización de las personas trans, véase DEMIEL, Diana, «Was bedeuten DSM-IV und ICD-10?» [«¿Qué significan DSM-IV y CIE-10?»], en ALEX, Anne (ed.), *Stop Trans*Pathologisierung* [Stop Trans*patologización], Neu-Ulm, AG SPAK Bücher, 2014, pp. 43-51.

[36] MENDELSOHN, Daniel, *The Elusive Embrace* [El abrazo esquivo], Nueva York, Random House, 2000, p. 25 y ss. Traducción propia. Cita original: «If you spend a long enough time reading Greek literature that rhythm begins to structure your thinking about other things, too. The world *men* you were born into; the world *de* you choose to inhabit».

[37] El discurso de la nueva derecha reclama especialmente esta univocidad. «En este contexto, el género actúa como un acomodador social dentro de ese constructo estrictamente antiindividual, autoritario y jerárquico denominado "comunidad popular" *[Volksgemeinschaft].* Los conceptos de masculinidad(es) y feminidad(es) tienen un valor funcional para la cohesión interna de la comunidad». Así lo afirma LANG, Juliane, en «Familie und Vaterland in der Krise. Der extrem rechte Diskurs um Gender» [Familia y patria en crisis. El discurso de extrema derecha sobre género], en HARK, Sabine y Paula-Irene VILLA (eds.), *Anti-Genderismus. Sexualität und Geschlecht als Schauplätze aktueller politischer Auseinandersetzungen* [Anti-Genderismus. La sexualidad y el género como escenarios del actual enfrentamiento político], Bielefeld, Transcript, 2015, p. 169.

[38] Resulta curioso que las personas trans deban pagar por los informes psiquiátricos que reclama el juzgado de primera instancia. Paradójicamente, una vez que el informe certifica el diagnóstico de «transexualidad», la terapia hormonal corre a cargo de la mutua de salud. Esto se antoja contradictorio: si el legislador considera la «transexualidad» una patología, los gastos del informe exigido por el juzgado deberían estar cubiertos por la mutua.

[39] Sobre la falta de sensibilidad respecto a la violencia contra las personas que no encajan en un género determinado, véase POHLKAMP, Ines, *Genderbashing. Diskriminierung und Gewalt an den Grenzen der Zweigeschlechtlichkeit* [*Genderbashing*. Discriminación y violencia en las fronteras de la bigeneridad], Münster, Unrast Verlag, 2014.

[40] Véase http://www.sueddeutsche.de/politik/kolumne-orlando-1.3038967

[41] ERIBON, Didier, *Regreso a Reims*, trad. de Georgina Fraser, Buenos Aires, Ediciones del Zorzal, 2015, p. 225.

[42] http://hatecrime.osce.org/germany?year=2014

[43] A la hora de describir la violencia ejercida contra las personas trans es importante reflexionar, además, sobre el peligro adicional al que se ven expuestas las personas de color o las personas trans no blancas. La transfobia y el racismo forjan una terrible alianza, y esta doble desprotección no puede pasar inadvertida. Las siete mujeres trans asesinadas en Estados Unidos durante las primeras siete semanas del año 2015 eran todas de color. Este particular desamparo a menudo tiene que ver con que muchas de estas personas, por ser de color, son especialmente discriminadas, no encuentran trabajo y, por consiguiente, se ven abocadas al trabajo sexual. En vista de la desprotección que esta situa-

ción conlleva, se convierten fácilmente en víctimas de las formas de violencia más extrema.

[44] La violencia transfóbica a menudo se «justifica» porque la persona trans había «engañado» sobre su género al autor del delito. De este modo, la víctima de la violencia se convierte, además, en culpable. Sobre este patrón que justifica la violencia transfóbica, véase BETTCHER, Talia Mae, «Evil Deceivers and Make-Believers», en Susan Stryker y Aren Z. Aizura (eds.), *The Transgender Studies Reader*, vol. 2, Nueva York, Routledge, 2013, pp. 278-290.

[45] http://www.dw.com/de/transgender-toilettens-treit-in-usa-auf-neuem-höhepunkt/a-19283386

[46] https://www.hrw.org/report/2016/03/23/do-you-see-how-much-im-suffering-here/abuse-against-transgen-der-women-us#290612

[47] En caso de que alguien desee una reasignación de sexo que conlleve una intervención médica, sería razonable solicitar un informe, simplemente desde el punto de vista de la relación jurídica con la mutua, pero esta es una cuestión controvertida: para algunos, la idea de patologizar la situación es inaceptable, mientras que para otros la cuestión del coste económico es más relevante.

[48] MENDELSOHN, Daniel, *The Elusive Embrace* [El abrazo esquivo], *op. cit.*, pp. 26 y ss. Traducción propia. Cita original: «What is interesting about the peculiarity of Greek, though, is that the *men… de* sequence is not always necessarily oppositional. Sometimes —often— it can merely link two notions or quantities or names, connecting rather than separating, multiplying rather than dividing».

[49] Se especula con que este podría haber sido el motivo para elegir la sala Bataclan como objetivo del atentado:

http://www.lepoint.fr/societe/le-bataclan-une-cible-regu-lierement-visee-14-11-2015-1981544_23.php

[50] Sin tener siquiera la certeza de que sean en efecto gais o simplemente porque se les atribuya esa condición.

[51] http://time.com/4144457/how-terrorists-kill/. Traducción propia. Cita original: «Although I have studied jihadist culture for a decade, I am still astounded and dismayed by its ability to inspire individuals to take innocent life».

[52] Véase AMIRPUR, Katajun en https://www.blaetter.de/archiv/jahrgaenge/2015/januar/»islam-gleich-gewalt«

[53] Este libro no se centrará en las estrategias empleadas en lo relativo a la política de imágenes. Para profundizar a este respecto, véase el texto que escribí sobre el vídeo de James Foley: http://www.deutscheakademie.de/de/auszeichnungen/johann-heinrich-merck-preis/carolin-emcke/dankrede

[54] http://www.nytimes.com/2014/12/29/us/politics/in-battle-to-defang-isis-us-targets-its-psychology-.html?_r=0. Traducción propia. Cita original: «We do not understand the movement, and until we do, we are not going to defeat it. We have not defeated the idea. We do not even understand the idea».

[55] http://thedailyworld.com/opinion/columnist/terrorism-book

[56] La traducción al inglés de las explicaciones de Al Adnani se encuentra disponible en https://pietervanos-taeyen.com/category/al-adnani-2/

[57] Sobre el papel de Abu Musab al Zarqawi, véase MUSHARBASH, Yassin, *Die neue al-Qaida. Innenansichten eines lernenden Terror-Netzwerks* [La nueva Al Qaeda. Los

entresijos de una red terrorista en proceso de aprendizaje], Colonia, Kiepenheuer & Witsch, 2007, pp. 54-61.

[58] Este enlace solo se menciona como fuente, no como recomendación. Se advierte expresamente de ello, ya que se trata de material propagandístico del EI. Este vídeo no es apto para jóvenes, ya que contiene escenas muy violentas y ensalza el régimen de terror del Estado Islámico: http://www.liveleak.com/view?i=181_1406666485

[59] http://www.gatestoneinstitute.org/documents/baghdadi-caliph.pdf. Traducción propia. Cita original: «You have a state and a khilāfah where the Arab and the non-Arab, the white man and the black man, the eastener and the westener are all brothers». Cita original de la frase que aparece a continuación: «The Islamic State does not recognize synthetic borders nor any citizenship besides Islam».

[60] Uno de los vídeos propagandísticos del EI aborda específicamente la cuestión fronteriza: se trata de la pieza de 12 minutos titulada *Rompiendo fronteras*. La polémica de hasta qué punto el EI habría logrado construir una estructura de proto-Estado es interesante. Sobre esta cuestión, véase la entrada de la firma invitada en el excelente blog del colaborador de Die Zeit Yassin Musharbash: http://blog.zeit.de/radikale-ansichten/2015/11/24/warum-der-is-die-weltordnung-nicht-gefahrdet/#more-1142

[61] En su libro titulado *Isis: A History* [Una historia del EI], Fawaz A. Gerges escribe que el 30 % de los integrantes de la cúpula del brazo armado del EI son antiguos oficiales del ejército o de la policía iraquíes que perdieron su puesto como consecuencia del programa de «desbaazificación» [depuración del ejercito y las instituciones del Estado de los baazistas] llevado a cabo por los estadounidenses. Véase http://www.nybooks.com/articles/2016/06/23/how-to-understand-isis/

[62] Fragmento del discurso de Al Bagdadi titulado *Mensaje a los muyahidines y a la nación islámica en el mes de Ramadán*, disponible en http://www.gatestoneinstitute. org/documents/baghdadi-caliph.pdf. Traducción propia. Cita original: «Muslims will walk everywhere as a master».

[63] Sobre la particular percepción de la temporalidad en el caso del EI, véase «Grundkurs djihadistische Ideologie» [Fundamentos de la ideología yihadista], de Yassin Musharbash, en http://blog.zeit.de/radikale-ansichten/2015/03/30/wie-tickt-der-1/

[64] Al igual que muchos intelectuales musulmanes de todo el mundo rechazan la deformación del islam por parte del EI, también muchas tribus suníes de Irak y Siria se niegan a jurar lealtad al EI. Tal y como subraya Fawaz A. Gerges, Al Bagdadi parece haber subestimado la compleja realidad política y social, tanto en el extranjero como en el propio territorio: http://www.latimes.com/opinion/op-ed/la-oe-0417-gerges-islamic-state-theorists-20160417-story.html

[65] DOUGLAS, Mary, *Pureza y peligro. Un análisis de los conceptos de contaminación y tabú*, trad. de Edison Simons, Madrid, Siglo XXI, 1973, p. 16.

[66] http://www.independent.co.uk/news/world/middle-east/isis-executes-at-least-120-fighters-for-trying-to-flee-and-go-home-9947805.html

[67] Una versión en pdf del texto se encuentra aquí: http://www.liveleak.com/view?i=805_1404412169; cita extraída de la p. 14. Traducción propia. Cita original: «The Power of the masses was tamed and its self-awareness dissipated through thousands of diversions».

[68] Una lectura psicoanalítica de este culto a la pureza (unido a un amor extremo al orden y al miedo a perder el

control) posiblemente le atribuiría un «carácter anal». Sobre la relación entre el populismo y la idea de pureza —más allá del EI—, véase Pfaller, Robert, *Das schmutzige Heilige und die reine Vernunft. Symptome der Gegenwartskultur* [Lo sagrado sucio y la razón pura. Síntomas de la cultura contemporánea], Frankfurt am main, Fischer, 2008, pp. 180-195.

[69] *La gestión de la barbarie*, http://www.liveleak.com/view?i=805_1404412169, p. 72. Traducción propia. Cita original: «If we are not violent in our jihad and if softness seizes us, that will be a major factor in the loss of the element of strength».

[70] La cita está extraída del punto 7 de este discurso: https://pietervanostaeyen.files.wordpress.com/2014/12/say_i_am_on_clear_proof_from_my_lord-englishwww-islamicline-com.pdf. Traducción propia. Cita original: «We believe that secularism despite its differences in its flags and parties [...] is a clear disbelief, opposing to Islam, and he who practices it, is not a Muslim».

[71] http://www.jerusalemonline.com/news/world-news/around-the-globe/isis-warns-refugees-dont-flee-to-europe-15954

III. Elogio de lo impuro

[1] Selig, Annette y Rainer Wieland (eds.), *Diderots Enzyklopädie* [La *Enciclopedia* de Diderot], Berlín, Die andere Bibliothek, 2013, p. 157 [traducción propia a partir del original francés].

[2] Assmann, Aleida, «Ähnlichkeit als Performanz. Ein neuer Zugang zu Identitätskonstruktionen und Empathie-Regimen» [La semejanza como acto performati-

vo. Un nuevo acceso a las construcciones identitarias y a los regímenes de empatía], en Anil Bhatti y Dorothee Kimmich (eds.), *Ähnlichkeit. Ein kulturtheoretisches Paradigma* [La semejanza. Un paradigma teórico-cultural], Konstanz, Konstanz University Press, 2015, p. 171.

[3] ARENDT, Hannah, *La condición humana*, trad. de Ramón Gil Novales, Barcelona, Paidós, 2005, pp. 16-17.

[4] ARENDT, Hannah, *La condición humana*, op. cit., p. 22.

[5] NANCY, Jean-Luc, *Ser singular plural*, trad. de Antonio Tudela Sancho, Madrid, Arena Libros, 2006, p. 48.

[6] BACHMANN, Ingeborg, «Cuestiones y pseudocuestiones», en *Problemas de la literatura contemporánea. Conferencias de Frankfurt*, trad. de José María Valverde, Madrid, Tecnos, 1990, p. 13.

[7] SAAR, Martin, *Immanenz der Macht. Politische Theorie nach Spinoza* [La inmanencia del poder. Teoría política según Spinoza], Berlín, Suhrkamp, 2013, p. 395.

[8] «Blickveränderungen» [Cambios de mirada], en *Lettre*, núm. 109, verano (2015).

[9] La tarea específica que representa mantener vivo en el presente el recuerdo de la Shoah también la he tratado en http://www.sueddeutsche.de/politik/kolumne-erinnern-1.2840316, así como más extensamente en EMCKE, Carolin, *Weil es sagbar ist. Zeugenschaft und Gerechtigkeit* [Porque se puede decir. Testimonialidad y justicia], Frankfurt am Main, Fischer Verlag, 2013.

[10] Probablemente esto se deba a que la literatura universal casi siempre ha de leerse en el idioma original y, por tanto, tiene su lugar en el marco de la enseñanza de lenguas extranjeras. Cabría considerar si no sería más lógico crear una asignatura independiente sobre Historia de las Culturas o sobre Literatura Universal.

[11] Foucault, Michel, *El gobierno de sí y de los otros. Curso del Collège de France (1982-1983)*, trad. de Horacio Pons, Madrid, Akal, 2011, pp. 77-89.

[12] Illouz, Eva, *Israel*, Berlín, Suhrkamp, 2015, p. 7 y ss.

[13] Koschorke, Albrecht, *Wahrheit und Erfindung. Grundzüge einer Allgemeinen Erzähltheorie* [Verdad e invención. Fundamentos de una teoría narrativa general], Frankfurt am Main, Fischer, 2012, p. 20.

[14] En la actualidad, el formato de Hate Poetry Slam es una de esas intervenciones creativas que dota a la *parrhesía* contra el odio y el fanatismo de humor e ironía. Los creadores y promotores de este formato son Ebru Taşdemir, Doris Akrap, Deniz Yücel, Mely Kiyak y Yassin Musharbash, a los que más tarde se sumaron Özlem Gezer, Özlem Topçu, Hasnain Kazim y Mohamed Amjahid. El espectáculo, que se representa en discotecas o teatros delante de un público, consiste en que varios periodistas leen en voz alta una selección de las peores cartas de odio enviadas por los lectores a raíz de los artículos que ellos han escrito. Dichas cartas están dirigidas personalmente a estos periodistas, que son los receptores de auténticas avalanchas de insultos racistas y sexistas. Las cartas ofenden y calumnian (con frecuencia en un lenguaje asombrosamente pobre), pregonan e imponen un orgullo de casta y el odio hacia el islam. En el formato de Hate Poetry Slam son los propios destinatarios de estas cartas quienes las leen en voz alta, las sacan del silencio de las redacciones para llevarlas al escenario y, así, liberarse también ellos mismos de la impotencia y la melancolía que normalmente invaden a todo el que recibe este tipo de misivas. Haciendo públicas estas cartas de odio se interrumpe la relación de dualidad que toda carta, hasta la más repug-

nante, impone tanto al remitente como al destinatario. No quieren estar solos a la hora de soportar este odio. Y tampoco están dispuestos a aceptarlo sin queja. Lo que buscan es involucrar a la sociedad como testigo, como público; desean abandonar la condición de destinatarios indefensos del odio y escenificar una lectura irónica que ponga en evidencia y socave las actitudes racistas. Los que participan en el Hate Poetry Slam logran trastocar de una forma muy efectiva, tan inteligente como divertida, la relación entre sujeto y objeto: el objeto del odio ya no es la supuesta procedencia de los periodistas ni su presunta identidad, religión o apariencia, sino que los textos del odio pasan a ser un objeto que provoca risa. Para hacerlo no necesitan nombrar a los autores de las cartas. No se trata de sembrar la ira contra una «turbamulta» nacionalista y racista, sino de reírse sobre lo que dicen y lo que hacen, que es procesado y transformado con una actitud de disidencia irónica. Así, en el Hate Poetry Slam no solo se lee en voz alta, sino que se celebra una fiesta: los periodistas afectados compiten entre ellos para ver quién presenta la carta más repugnante en las categorías de «Estimada señora F…, estimado señor gilipollas», «Cancelación de suscripciones», «Gran ópera» y «Breve y sucio». El público puede votar. Esta es una parte delicada, pues, a través del humor que tiene lugar en el escenario, los espectadores son inducidos a reírse de textos y términos que no son graciosos, sino sencillamente repulsivos. Las expresiones de racismo puro y duro, islamofobia, sexismo y desprecio hacia las personas que se oyen durante la representación producen vergüenza y estupor. Durante la escucha, el peso de la agresión a través del lenguaje se reparte entre el público y hace que todos y todas se pregunten: ¿cómo me siento? ¿Podría referirse a mí? ¿Por qué no? ¿Qué posición estoy adoptando: la de mera espectadora, la de alguien a quien no van dirigidas estas cartas? Todos y cada uno deben preguntarse: ¿cómo reacciono ante este lenguaje? ¿Ante este odio? ¿Qué significa reírme de esto? ¿Cuál sería la reacción adecuada? Gracias a la resistencia creativa, este formato no solo logra que la risa generada en el escenario se contagie, sino que se produzca una reflexión seria sobre el racismo cotidiano, la posición social de cada uno y la necesidad de forjar alianzas solidarias.

[15] ARENDT, Hannah, *La condición humana, op. cit.*, p. 223.

Este libro
se terminó de imprimir en
Barcelona,
en el mes de abril de 2017

3-10-21
NEVER
0